12 Segredos Simples
da Felicidade no Trabalho

12 Segredos Simples da Felicidade no Trabalho

ENCONTRANDO SATISFAÇÃO, COLHENDO RECOMPENSAS

Glenn Van Ekeren

Tradução
LEONOR KLEIN

EDITORA CULTRIX
São Paulo

Título do original: *12 Simple Secrets of Happiness at Work*.

Copyright © 2001 Glenn Van Ekeren.

Todos os direitos reservados. Nenhuma parte deste livro pode ser reproduzida ou usada de qualquer forma ou por qualquer meio, eletrônico ou mecânico, inclusive fotocópias, gravações ou sistema de armazenamento em banco de dados, sem permissão por escrito, exceto nos casos de trechos curtos citados em resenhas críticas ou artigos de revistas.

> Para maiores informações sobre os seminários e outros produtos de Glenn Van Ekeren entre em contato com:
> Glenn Van Ekeren — 21134 Arbor Court
> Elkhorn, Nebraska 68022
> 402-289-4523

O primeiro número à esquerda indica a edição, ou reedição, desta obra.
A primeira dezena à direita indica o ano em que esta edição, ou reedição, foi publicada.

Edição	Ano
1-2-3-4-5-6-7-8-9-10	02-03-04-05-06-07-08

Direitos de tradução para a língua portuguesa
adquiridos com exclusividade pela
EDITORA PENSAMENTO-CULTRIX LTDA.
Rua Dr. Mário Vicente, 368 — 04270-000 — São Paulo, SP
Fone: 272-1399 — Fax: 272-4770
E-mail: pensamento@cultrix.com.br
http://www.pensamento-cultrix.com.br
que se reserva a propriedade literária desta tradução.

Impresso em nossas oficinas gráficas.

Agradecimentos

Eu quero agradecer aos meus pais, que me ensinaram o valor do trabalho desde que eu era muito jovem, proporcionaram-me o exemplo de ética no trabalho e me encorajaram a dar o melhor de mim em tudo o que eu fizesse.

Agradeço à minha mulher, Marty, e aos meus filhos, Matt e Katy, por me ajudar a avaliar corretamente a importância do meu trabalho. Vocês são a alegria da minha vida.

Agradeço à equipe da Prentice Hall Press, por continuar a transformar em realidade meu sonho de escrever.

SUMÁRIO

Agradecimentos 5
Prefácio 9
Introdução 11

Ponha paixão no seu trabalho 18
    Acenda esse fogo em você 19
    O dinheiro é o molho 23
    Contentamento gera descontentamento 27
    Não é preciso ser infeliz 30

Nada é suficientemente bom 36
    Os estudiosos herdarão o futuro 37
    Vá além de onde você está 42
    Prepare-se para o futuro 45
    Não se contente em ser nada menos que o máximo! 50

No trabalho, torne-se o "dono do negócio"   54
    Aja como o proprietário   55
    Aproveite o tempo para consertar o seu barco furado   59
    Não se detenha!   67

Dê o melhor de si às questões mais importantes   70
    Reserve alguns minutos para pensar sobre o tempo   71
    Aprenda a reprogramar suas prioridades   77
    Eu sei que você está ocupado; mas do que está conseguindo dar conta?   81

Aproveite o seu talento   84
    Concentre a atenção naquilo que você faz melhor   85
    A realização não tem linha de chegada   89
    Cave um pouco mais fundo   94

A âncora da atitude   100
    Faça de cada momento uma *happy hour*   101
    Faça o que você gosta e o sucesso será mera conseqüência   104
    Princípios que norteiam a vida profissional   106

Procure ser uma pessoa melhor   118
    Preste atenção em quem você é   119
    Melhore a imagem que você tem de si mesmo   124
    Seja o melhor que você pode ser   130

FAÇA COM QUE AS COISAS ACONTEÇAM   136
    Conclua as tarefas que você não terminou   137
    Meio terminado   140
    Tapar buracos ou plantar árvores   143

O SUCESSO ESTÁ ONDE VOCÊ O ENCONTRA   146
    Desenvolva o seu próprio conceito de sucesso   147
    Qual foi a impressão que você deixou?   153
    Os passos para o sucesso   158

ABRA NOVOS HORIZONTES   160
    Não é assim tão ruim!   161
    Supere seus medos   167

SEJA MEMBRO DE UMA EQUIPE   172
    Semeie a confiança   173
    Nós somos a equipe   179
    Pratique a arte do estímulo   183

SOLTE-SE, ALEGRE-SE, DIVIRTA-SE!   186
    A comissária de bordo interessante   187
    Mantenha o seu trabalho em perspectiva   189
    O reabastecimento é grátis   193
    Divirta-se um pouco   195

PREFÁCIO

Ao ler o título *12 Segredos Simples da Felicidade no Trabalho*, lembrei-me de uma frase citada há vários anos pelo meu amigo dr. Steve Franklin, ex-docente da Emory University. Sem dúvida, esta tradução é agora só uma paráfrase, mas a mensagem é clara: As grandes verdades da vida são as mais simples. Você não precisa de quatro peças móveis e cinco sílabas para que algo seja profundo. Na verdade, existem apenas três cores puras, mas veja o que Michelangelo fez com essas três cores! Existem apenas dez dígitos na matemática, mas veja o que Einstein fez com eles. Existem apenas sete notas musicais, porém, Chopin, Beethoven e Vivaldi criaram obras-primas com essas sete notas. A isso eu muitas vezes acrescento, veja o que Elvis fez com apenas duas!

A mensagem contida em *12 Segredos Simples da Felicidade no Trabalho* é profunda. Glenn Van Ekeren evocou a sabedoria gerada através dos séculos por pessoas notáveis, de todas as procedências. Em sua pesquisa (que foi bastante extensa), Glenn cita muitas das minhas próprias fontes favoritas e, ao reuni-las, demonstra que, qualquer que seja o problema, sempre existe uma solução — e freqüentemente trata-se de uma solução simples. Ele ressalta que, quando você se esforça para ser o melhor, trabalha nisso com entusiasmo, aceita a responsabilidade por ser quem você é, pelo que você faz e pelo que acontece — essa atitude contagia todas as áreas importantes da vida.

Glenn é um autor agradável de se ler. Ele expõe o que é bom, critica com moderação o que não é tão bom e então propõe uma maneira melhor e mais simples de realizar o que precisa ser feito. Enquanto faz isso, ele cuida praticamente de cada faceta da vida — o divertimento em grupo, o amor, o processo em si, procurando pelo bem e pela oportunidade em cada uma das situações que a vida traz. Ao mesmo tempo, ele nos ensina que o único caminho para chegar à costa é descendo a montanha e que precisamos de estrutura para executar o que quer que seja, mas, ainda assim, ter sempre disposição para sair dos padrões preestabelecidos.

O que se pode dizer sobre este livro sem medo de errar é que ele pode ser partilhado com todos os membros da família e com outras pessoas, independentemente de suas ocupações e objetivos de vida. Este livro fará de seus leitores pessoas mais afetuosas em casa, profissionais mais eficientes no trabalho e cidadãos melhores em suas comunidades.

Zig Ziglar, escritor e professor de
motivação no local de trabalho

INTRODUÇÃO

Eu tive vários empregos diferentes ao longo da vida. Nos anos em que freqüentei o curso secundário e a faculdade, eu fiz de tudo, desde assentar blocos de grama, carregar barras de aço, ser especialista em ecologia (carregador de lixo), lavar pratos na lanchonete da universidade, até trabalhar como conselheiro de acampamento, o que me levou a dormir numa barraca durante dez semanas num certo verão. Esses empregos, nada glamourosos, envolviam muitas tarefas insípidas que, às vezes, ficavam bastante aborrecidas. Eu geralmente me extasiava diante do trabalho que queria fazer apenas para ganhar algum dinheiro, quando o contracheque muitas vezes parecia uma recompensa de menor importância.

Muitos dentre nós têm suportado experiências de trabalho semelhantes e aprenderam, desde muito jovens, que todo trabalho parece exigir o cumprimento de muitas tarefas de que não gostamos. Muitas vezes a minha válvula de escape era sonhar acordado enquanto fazia esses trabalhos pequenos, aborrecidos e rotineiros. Embora eu adorasse sonhar com uma carreira estimulante, minhas experiências reais me levavam a pensar que qualquer carreira que eu escolhesse no futuro provavelmente exigiria que eu executasse tarefas nada interessantes... E eu estava certo.

O desafio residia em concentrar minhas energias nas coisas que eu gostava de fazer. Essa simples descoberta transformou a maneira como eu encarava o trabalho e pavimentou o caminho para eu viver a experiência de 25 anos de realização no trabalho e satisfação profissional. Buck Rogers, um executivo da IBM, disse certa vez, "Nosso trabalho tem que ser mais do que uma necessidade desafortunada, uma maneira desagradável de pagar as contas. Nós devemos a nós mesmos e às pessoas que são importantes para nós o direito de exigir mais de todas essas horas dedicadas ao trabalho. É nossa responsabilidade assegurar que ele nos proporcione o prazer do orgulho, da realização e dos relacionamentos amigáveis".

As pessoas que esperam que seu trabalho as satisfaça totalmente, que o seu salário seja sempre aquele que elas almejam e que sua carreira inclua somente tarefas que lhes dêem prazer, ficarão extremamente desapontadas. É nossa responsabilidade fazer de nossa carreira muito mais do que apenas um meio de ganhar a vida. Seu trabalho pode ser maravilhoso ou medíocre. Tudo depende de você.

Os *12 Segredos Simples da Felicidade no Trabalho* lança um olhar revigorante sobre o que o trabalho pode ser e ajuda você a reavaliar a sua maneira de encarar o trabalho. Seus princípios revitalizantes se enquadram em um dos três importantes fatores a seguir: aptidão, atitude e comportamento. Dos milhares de empregos disponíveis no mercado de trabalho, não posso pensar em nenhum que não sofra a influência desses três fatores.

Aptidão. Calvin Coolidge observou: "São poucas as pessoas que não têm aptidão, mas elas fracassam porque lhes falta dedicação". W.C. Fields amealhou uma fortuna considerável ao longo da vida. Ele tentou mantê-la em segredo, espalhando seu dinheiro por aproximadamente 200 contas correntes, em vários bancos diferentes dos Estados Unidos e

Introdução

da Europa. As contas foram abertas com nomes fictícios. Por ocasião da sua morte, os responsáveis pelo seu inventário localizaram somente 45 dessas contas. Não foi possível localizar uma quantia estimada em 600 mil dólares, espalhada por essas contas. Imagine o quanto esses ativos não utilizados valeriam hoje.

Muitas pessoas têm aptidões latentes e talentos não-aproveitados. Talentos não-aproveitados podem em pouco tempo cair em desuso, tornar-se antiquados, até mesmo ser mal-aplicados ou perdidos para sempre. Uma das maravilhosas leis naturais da vida é que sempre que investimos a nós mesmos por meio de nossos talentos e aptidões, o nosso investimento se multiplica no futuro. Explorando ao máximo nossas aptidões expandimos esses talentos e criamos mais oportunidades para aproveitá-los.

Atitude. Nós temos duas alternativas com relação à atitude com que encaramos nossa carreira. A primeira é caracterizada pela visão que Thomas Edison tinha do trabalho, "Eu nunca trabalhei um dia em minha vida. Tudo foi divertimento". Edison acreditava que o objetivo do trabalho era a produtividade, a alegria e a realização. Muito do que sabemos sobre esse cientista revela que ele foi o exemplo vivo das suas convicções com relação ao trabalho.

O rei Sísifo, um rei cruel da mitologia grega, exemplifica uma atitude totalmente diferente. Sísifo foi condenado ao Hades por toda a eternidade. Seu dever era o de empurrar, dia após dia, uma grande pedra montanha acima, só para vê-la, no fim do dia, rolar montanha abaixo novamente. Cada dia era uma repetição do anterior; desagradável, cheio de monotonia e com um resultado final sem nenhum significado. Um grande número de pessoas vê suas responsabilidades cotidianas como uma réplica da experiência infrutífera e nada inspiradora do rei Sísifo.

Segundo B.C. Forbes, "Se temos prazer com o nosso trabalho ou o encaramos como um aborrecimento, isso depende unicamente da nossa atitude mental com relação a ele, e não da tarefa em si". O segredo para ter felicidade, sucesso, satisfação e realização no nosso trabalho não é fazer o que se gosta, mas gostar do que se faz. E trata-se de uma escolha pessoal. "Apaixone-se pelo que você fará para ganhar o seu sustento", diz George Burns. "Eu prefiro ser um fracasso em algo que adoro do que ser um sucesso em algo que odeio."

Lembre-se apenas de que um benefício adicional da visão de Thomas Edison com respeito ao trabalho é o fato de que, se você gosta do que faz, não terá mais que trabalhar um único dia em sua vida.

Comportamento. O industrial Andrew Carnegie disse, "A pessoa comum aplica somente 25 por cento de sua energia e aptidão em seu trabalho. O mundo tira o chapéu para aqueles que aproveitam 50 por cento de sua capacidade, e põe-se de pé diante das poucas almas que devotam 100 por cento".

Eu já tive a oportunidade de ajudar amigos a fazer mudanças. Você pode aprender muito sobre seus amigos quando há algum trabalho físico a fazer. Notei muitas vezes que, se existe um piano para ser removido, sempre existe alguém que se oferece para carregar a banqueta. Você já reparou na quantidade de pessoas que se comporta dessa forma no trabalho? Elas se oferecem para fazer as coisas de que gostam ou para executar as tarefas mais fáceis, mas, quando se trata das tarefas desagradáveis, não são encontradas em lugar nenhum.

É impressionante observar algumas pessoas, independentemente da posição que ocupam, mergulhando de cabeça nas tarefas que outras pessoas não gostam de fazer. Elas estão pavimentando o caminho para aumentar o estímulo no trabalho, investindo em resultados, servindo aos outros e ao bem comum. Elas aprenderam quanta satisfação podem sentir oferecendo-se para fazer o trabalho que outras pessoas evitam e fazendo-o melhor do que qualquer outra pessoa imaginou ser possível. Martin Luther King, Jr. disse, "Se você for chamado para ser varredor de rua, varra as ruas tão bem quanto Michelangelo pintava, ou quanto Beethoven compunha, ou quanto Shakespeare fazia poesias. Varra as ruas tão bem que o sol, a lua, as estrelas parem para dizer: "Aqui viveu um grande varredor de ruas que fazia bem o seu trabalho".

No mundo do trabalho, existe um número apreciável de pessoas fora do campo, preparando-se para entrar no jogo. Elas entrarão apenas quando surgir a oportunidade de assumirem a posição "correta". Elas se prontificarão a dar um pouco mais delas mesmas, quando a remuneração for adequada. Elas superarão as expectativas, quando tiverem certeza de que seus esforços serão notados. O tempo do jogo continua correndo e elas continuam esperando. É triste, mas algumas nunca chegam a entrar no jogo.

Chuck Colson, em seu livro *Why America Doesn't Work*, observou, "Não importa quantas estruturas sejam estabelecidas, não importa quantas leis sejam reformuladas, para restaurar a ética profissional em nossa sociedade só é preciso uma coisa: restaurá-la no coração e na mente das pessoas". O sucesso de qualquer serviço, equipe de produção, departamento de vendas ou assistência técnica depende do investimento individual das pessoas naquilo que fazem. Nada chega ao sucesso antes que as pessoas façam algo para que isso aconteça.

Qualquer que seja a carreira escolhida, dedique-se a ela. Pare de considerar o trabalho simplesmente como um meio de subsistência ou como o preço que você tem de pagar para fazer carreira na sua empresa. Entenda que o trabalho é um ingrediente essencial para ter qualidade de vida. Quando você se empenha naquilo que faz, a recompensa é um resultado natural.

O respeito por si mesmo, a satisfação e a realização que você obtém no trabalho depende de você. Para transformar os seus "deveres" cotidianos em "prazeres" cotidianos, pondere sobre essas duas perguntas: "O que eu espero conseguir na minha vida profissional?" e "O que estou disposto a fazer para que isso aconteça?" Este livro apresenta tudo o que é necessário para que você entre no jogo e aprecie a contribuição que você pode dar.

12 SEGREDOS SIMPLES DA
FELICIDADE NO TRABALHO

PONHA PAIXÃO NO SEU TRABALHO

Motivação é um fogo que vem de dentro. Se alguém tentar acender esse fogo debaixo de você, é bem provável que ele se extinga em pouco tempo.

STEPHEN COVEY

ACENDA ESSE FOGO
EM VOCÊ

"Era uma vez um sujeito chamado Joe que tinha um emprego muito desagradável." Essas eram as palavras que davam início ao filme feito em 1990, por Stephen Spielberg, e intitulado *Joe e o Vulcão*.

Nesse filme, Joe Banks (Tom Hanks) atinge um ponto de total frustração em seu trabalho e em sua vida. Todos os dias eram uma segunda-feira ruim. Seu patrão estava sempre de mau humor. O *stress* acumulado convence Joe de que sua vida despojada de energia é um beco sem saída. Deprimido e exasperado ele lamenta, "Eu estou perdendo minha alma". Pouco tempo depois Joe é informado de que sofre de "obscurecimento cerebral" em estágio terminal (diagnóstico fictício que convence Joe de que sua mente está em estado de dormência).

Sem emprego e desesperado, Joe por coincidência conhece um multimilionário excêntrico (interpretado por Lloyd Bridges) que lhe apresenta uma proposta que poderá transformar completamente sua vida medíocre, insatisfatória e sem propósito. Tudo o que ele teria de fazer era viajar até a ilha de Waponi Woo e pular dentro de um vulcão. Joe não perde a oportunidade.

O sucesso não é resultado de uma combustão espontânea. Você precisa acender esse fogo dentro de você.

REGGIE LEACH

A bordo do iate do multimilionário, Joe conhece Patricia, uma das filhas do ricaço. Surpreso com a incrível reviravolta dos acontecimentos e com a nova vida que vinha desfrutando desde que conhecera o pai da jovem, Joe olha para a noite sem luar e coalhada de estrelas e exclama, "Sua vida é inacreditável — simplesmente inacreditável!"

A resposta de Patricia é profunda. "Meu pai diz que quase todo o mundo está dormindo — todos que você conhece, todos que vê, todos com quem você conversa. Ele diz que só algumas pessoas estão acordadas, e elas vivem num estado de constante e total deslumbramento."

O filme foi um fracasso de bilheteria e um alvo popular dos cínicos críticos de cinema que não notaram essa cena ou, pelo menos, interpretaram mal a tentativa de Spielberg de sacudir as pessoas para que "acordem".

Paul Goodman, o famoso lingüista e articulista social, estimou em 82 por cento o número de trabalhadores norte-americanos que não gostam de trabalhar e mal podem esperar o dia em que se libertarão do que o trabalho lhes causa. Eles são os Joe Banks do mundo que precisam de um toque de despertar imediato, de preferência (para eles) sem a ameaça de "obscurecimento do cérebro" em estágio terminal.

As pessoas que dependem dos outros para elevar seu moral prestam a si mesmas um enorme desserviço. Nenhuma empresa ou supervisor tem capacidade para aumentar seu ânimo de viver.

Atualmente é muito comum alegar que somos vítimas do sistema, das circunstâncias, da concorrência, do *rightsizing* ou de outro fator externo. O entusiasmo humano é agredido por pressões crescentes de colegas de trabalho, de exigências profissionais ou da labuta diária. Quando a indiferença penetra sorrateiramente no lugar da motivação, inicia-se um ciclo vicioso de infelicidade.

Culpar, apontar o dedo, acusar são historietas populares de atitudes que se deterioraram. Liberte-se desse comportamento que lhe causa frustração. Assuma o controle do seu estado de ânimo. Encha o seu reservatório de energia. Encurrale as emoções negativas. Sepulte rancores e injustiças observadas. Reconheça suas atitudes mentais com relação ao seu emprego e empenhe-se seriamente na elaboração de um plano de ação para ajudá-lo a sair da rotina.

Existe um antigo provérbio no Texas que diz, "Você não pode acender o fogo com um fósforo molhado". Qual é o seu "quociente de ignição"? Seu carvão está em brasa? As labaredas são quentes e altas?

Você está cheio de entusiasmo com relação ao seu trabalho? Você está fazendo o que gosta? Acenda o fogo do seu entusiasmo. Torne-se um incendiário apaixonado, alimentando as labaredas do seu próprio entusiasmo, em vez de apenas trabalhar com a suposição equivocada de que outra pessoa fará com que seu trabalho fique mais excitante ou desafiador.

Freqüentemente eu pergunto aos candidatos às vagas da nossa empresa o que os levou a se apresentar. Eu nunca deixo de me surpreender com a freqüência com que respondem, "Eu achei que talvez vocês tivessem um trabalho que eu gostaria de fazer". Desculpem-me. Não temos nenhum trabalho dessa espécie. Todavia, temos muitas pessoas aqui que gostam do que fazem.

O seu trabalho (não importa o quanto seja ele interessante ou aborrecido) pode ser mais do que uma forma de ganhar a vida. Torne-o um elemento importante na criação de uma vida de qualidade. Você não precisa pular para dentro de um vulcão para acender o fogo em si mesmo. Revigorar seu espírito no trabalho é uma tarefa para ser feita interiormente.

O DINHEIRO É O MOLHO

Denis Waitley, em *Empires of the Mind*, comenta sobre a experiência de assistir à colação de grau da filha na universidade. Temendo uma programação longa e impiedosa, Waitley ficou aliviado quando o orador principal subiu ao pódio. O orador era Edward James Olmos, o ator-ativista que fez o papel de Jaime Escalante num filme inspirador chamado *Stand and Deliver*, sobre estudantes de bairros pobres.

Conforme relata Waitley, Olmos levantou-se, tirou o boné, e olhou para os formandos.

— Então, estamos prontos para festejar? — perguntou ele.

— Sim, vamos festejar! — eles responderam em uníssono.

— Eu sei, graças a Deus é sexta-feira — ele continuou. — Porém, começo significa iniciar, não significa terminar. Vocês tiveram em suas vidas um período sabático de quatro anos e agora estão prontos para sair e começar a ganhar. Vocês estão dando somente os primeiros passos em sua educação.

— Só mais uma coisa antes de sairmos — ele continuou. — Por favor, nunca, jamais trabalhem por dinheiro. Por favor, não se conten-

Realizar um sonho, deixarem que você dê o sangue num trabalho solitário, darem-lhe a chance de criar, essas são a carne e as batatas da vida. O dinheiro é o molho.

BETTE DAVIS
A vida solitária

tem em conseguir um emprego. Um emprego é algo que muitos de vocês tiveram enquanto cursavam a universidade. Um emprego é uma maneira de ganhar dinheiro. Porém, construir uma carreira é algo que você faz porque tem de fazer. Você quer fazer isso, você adora fazer isso, você se entusiasma quando faz isso. E você faz isso mesmo quando não recebe nada além do que é necessário para comprar comida e satisfazer suas necessidades básicas. Você faz isso porque isso é a sua vida.

Raramente a escola nos prepara para encontrar uma carreira que seja satisfatória. Vamos para a universidade, aprendemos técnicas e então encontramos uma empresa que nos oferece um salário em troca de nossos conhecimentos e algumas horas de trabalho. Se pudéssemos injetar em cada formando da universidade e funcionário em potencial a advertência, "Busque uma paixão, não um contracheque", essa idéia simples poderia poupar uma decepção a um número enorme de pessoas. Charles Schwab, um magnata do aço, concluiu: "O homem que não trabalha pelo amor ao trabalho, mas somente pelo dinheiro, provavelmente não fará fortuna e tampouco encontrará muitas alegrias na vida". Não importa se a carreira que você escolheu proporciona muito ou pouco dinheiro, o importante é que se lutar por ela com paixão, você sairá todos os dias para trabalhar com a satisfação de saber que está fazendo algo para criar um mundo melhor.

Todos nós precisamos de dinheiro. Disso não há dúvida. Porém, o trabalho vai além do que você faz para receber um contracheque; ele envolve comprometimento pessoal, satisfação pessoal e crescimento pessoal. Goste ou não, esses resultados — acrescidos das promoções e dos aumentos de salário — são recompensas por conseguir resultados, e não simplesmente por fazer um trabalho. Só conseguimos resultados quando nos dedicamos e desenvolvemos nossos esforços. Em *Good By Job, Hello Me,* Wexler e Wolf sugerem, "A fascinação pelo simples fato de fazer dinheiro diminui com o tempo. Os verdadeiros frutos do trabalho de uma pessoa são reconhecidos quando os seus talentos são aproveitados". Uma carreira significativa florescerá quando você estiver envolvido com uma empresa que partilha seus valores e estiver realizando um trabalho que aproveita seus talentos e habilidades.

Robert Fulghum questionava: "O meu trabalho é algo pelo qual eu sou pago, ou é algo maior, mais extenso — e mais rico — algo que tem mais a ver com o que eu sou ou com o que eu penso de mim mesmo?" Ganhar a vida e ter uma vida não significam a mesma coisa. Ganhar a vida e construir uma vida que vale a pena ser vivida não são a mesma coisa. O título do cargo que você ocupa nem se aproxima da resposta à pergunta: "O que você faz?" Possuir um título ou permitir que o dinheiro possua você não responde às perguntas, "Quem é você?" ou "O que você faz?"

As pessoas querem empregos que realmente tenham importância. Tom Brokaw disse, "É fácil ganhar um dólar. É muito mais difícil conseguir fazer algo significativo". O que torna isso difícil é o fato de que cada um de nós precisa descobrir por si mesmo quais atividades são mais significativas e nos dão a oportunidade de fazer algo de valor. Se você acha que não está fazendo valer os seus direitos, sente-se desmotivado, insatisfeito ou apático, é possível que você ainda não tenha compreendido que é necessário mais do que dinheiro para acender a chama da paixão.

> *Primeiramente encontre algo que você goste tanto de fazer que não se importaria de fazê-lo sem receber nada em troca; aprenda então a fazer isso tão bem que as pessoas se sintam felizes em lhe pagar para que o faça.*
>
> WALT DISNEY

Quantas pessoas que você conhece fazem um trabalho de que não gostam para ganhar dinheiro suficiente para fazer o que gostam? Que maneira desanimadora, frustrante e inexpressiva de encarar um trabalho!

Historicamente, as pessoas viam o trabalho como uma exigência necessária para ganhar a vida, mas, na realidade, elas deixavam para viver depois do expediente. Os tempos estão mudando. Existe uma dúvida visivelmente disseminada entre as pessoas, com relação ao que elas realmente desejam obter da vida e do trabalho. Um contracheque e alguns benefícios não são mais suficientes para causar entusiasmo e dar sentido à vida.

Mergulhe no que quer que você esteja fazendo. Não vá trabalhar porque você precisa. Vá trabalhar para fazer algo de valor. Em vez de lamentar que você não consegue encontrar um trabalho que lhe agrade, concentre-se no que você gosta em seu trabalho. Transforme sua maneira de pensar e planeje estratégias para aumentar de forma criativa a sua contribuição. Veja a si mesmo como uma pequena empresa dentro da empresa maior. Considere-se responsável pelo sucesso do seu departamento. Você é a organização. O que você faz é importante. E lembre-se, "O dinheiro é o molho".

CONTENTAMENTO GERA DESCONTENTAMENTO

É perigoso descansar sobre os louros de sucessos do passado. No livro *The Eighty-Yard Run*, o calouro de uma universidade, em sua primeira partida de futebol americano, parte em uma desabalada corrida de oitenta jardas para o *touchdown*. O seu conceito entre os colegas de equipe aumentou imediatamente e o treinador lhe diz que ele tem um grande futuro com o time. Sua linda e loira namorada o aguarda após o jogo e o recompensa com um beijo apaixonado. Ele tem a sensação de que a sua vida agora está no rumo certo, seu futuro assegurado.

Infelizmente, nunca mais ocorreu na vida desse rapaz algo que se comparasse àquele dia. Suas experiências com o futebol nunca foram além do razoável, assim como o foi sua carreira nos negócios. Seu casamento fica a cada dia pior e o desapontamento é ainda maior, pois ele revive continuamente na memória aquele dia de glória, quando estava convencido de que a vida seria sempre agradável e o favoreceria.

Esse jovem, bem como o restante da humanidade, poderia aprender algo com a indústria de laticínios Wisconsin. Na lateral de suas garrafas de leite estão impressas as seguintes palavras: "Nossas

Se eu me vejo hoje assim como eu era no passado, o meu passado precisa ressuscitar e tornar-se o meu futuro.

WILLIAM JAMES

vacas não estão contentes. Elas estão ansiosas para melhorar seu desempenho".

Contentamento gera descontentamento. Quando você se satisfaz com as glórias do passado, em vez de criar o seu futuro, o presente perde o encanto. Quando aspiramos à excelência, nossa última conquista nos inspira a crescer ainda mais. Continuar pensando nas mesmas coisas dia após dia ou tentar construir nossa vida com base no passado é contraproducente. Não me entenda mal, seu passado é importante, porém, apenas na proporção em que suas experiências o inspirem a atingir novos patamares na vida. A vida tem mais sentido quando você procura meios de sobrepujar seu desempenho passado, não quando você se contenta com ele.

Johann Wolfgang von Goethe estava certo quando disse, "As coisas mais importantes nunca devem ficar à mercê de coisas menos importantes". Contentar-se com seus pratos prediletos, com o caminho que faz para o trabalho, com seus programas de televisão favoritos, com as roupas que usa com maior freqüência é perfeitamente válido — embora eu sugira que você varie um pouco para dar mais sabor à sua vida. Esses assuntos são triviais quando comparados às técnicas de execução, aos hábitos, às atitudes, ao modo de lidar com problemas, à maneira de se relacionar e a outros itens "mais importantes" a que Goethe aludiu e que exercem uma influência significativa em seu sucesso futuro.

Muitos anos atrás, um promissor artista grego chamado Timantes tornou-se aluno de um mestre bastante conhecido. Trabalhando diligentemente por vários anos, o jovem artista pintou um quadro que exibia todo talento artístico que havia desenvolvido. Emocionado com o resultado, Timantes passou dias e dias admirando seu trabalho.

Certa manhã bem cedo, ele chegou ao estúdio e descobriu que seu professor havia destruído sua obra-prima. Arrasado, zangado e sufocado pelas lágrimas, ele implorou uma explicação ao mestre. O sábio artista replicou, "Eu fiz isso para o seu próprio bem. Aquele quadro estava retardando seu progresso. Era uma excelente obra de arte, porém não estava perfeita. Comece novamente e veja se você consegue criar uma ainda melhor".

Atordoado, embora cheio do entusiasmo, Timantes começou a pintar a tela e afinal criou a obra-prima chamada "Sacrifício de Ifigênia".

Lute bravamente para ficar livre do contentamento e da satisfação prolongadas com relação às suas conquistas do passado. Esforce-se para alcançar objetivos mais ambiciosos. Você nunca terá que olhar para trás e desejar estar lá novamente. É estimulante trabalhar e viver com a expectativa positiva de saber o que poderá acontecer em seguida. Como disse a personagem da Disney Pocahontas, "Você verá coisas que não sabia que nunca soube".

As pessoas que trabalham desenvolvem rotinas quando executam o mesmo trabalho por algum tempo. Elas deixam de ser eficientes, criam hábitos não apenas com relação às tarefas que fazem, mas também quanto à maneira de pensar. Os hábitos transformam-se em rotinas. As rotinas transformam-se em costumes.

ROBERT KRIEGEL

NÃO É PRECISO SER INFELIZ

> *Quando estou feliz sinto vontade de chorar, mas quando estou triste não tenho vontade de rir. Eu acho melhor ser feliz. Assim tenho dois sentimentos pelo preço de um.*
>
> LILY TOMLIN COMO "EDITH ANN"

Até que ponto você está feliz com seu trabalho? Há ocasiões em que a tristeza é maior do que a felicidade? Você aprendeu a ser feliz, apesar das circunstâncias, das responsabilidades profissionais ou das pessoas?

Norman Cousins, o falecido escritor e editor de *Saturday Review*, escreveu, "A felicidade é provavelmente a emoção mais fácil de sentir, a mais ilusória para se criar deliberadamente e a mais difícil de definir. Cada pessoa a sente de uma forma diferente". Embora cada um de nós sinta a felicidade de uma forma diferente, apresento a seguir alguns princípios gerais sobre os quais vale a pena refletir.

1. Pare de buscá-la. As pessoas que colocam a busca pela felicidade como a prioridade máxima da vida farão de tudo para conquistá-la. "A felicidade é uma borboleta — quanto mais você a persegue, para mais longe ela voará e se esconderá de você", escreveu Rabbi Harold Kushner no seu livro *When All You've Ever Wanted Isn't Enough*. "Mas pare de persegui-la, deixe de lado a rede e ocupe-se com outras coisas mais produtivas do que perseguir a felicidade, e ela se aproximará furtivamente pelas suas costas e pousará em seu ombro."

2. **Avalie suas expectativas.** Achar que você pode se sentir feliz em seu emprego o tempo todo é uma expectativa irreal. Isso não acontecerá, por mais que você tente, mesmo que você leia cada palavra deste livro e ponha em prática cada sugestão. Quando você espera que seu emprego o faça feliz, você já se coloca em posição de desvantagem. Acrescente a isso a busca desesperada por essa emoção ilusória e você compreenderá por que tantas pessoas se sentem infelizes no emprego.

Na maior parte do tempo, eu espero me sentir realizado com uma carreira feliz e satisfatória. Mas, quando isso não acontece, sou tomado por um sentimento de infelicidade e descontentamento. Em pouco tempo, estou absolutamente consciente do enorme conflito que existe entre minhas expectativas e a realidade. Daí para a decepção é um passo. O escritor Max Lucado oferece este valioso conselho: "Lembre-se, a decepção é causada por expectativas não-atendidas. A decepção é curada por expectativas renovadas". É um erro enorme ter expectativas tão altas que elas sejam inatingíveis, ou fazer do trabalho a nossa única fonte de felicidade. Naturalmente, o problema é que raramente o nosso emprego, as outras pessoas ou a vida de uma maneira geral corresponde ao ideal esperado.

3. **Acabe com a sua infelicidade.** O ator e cantor Dean Martin faleceu alguns anos atrás. Comentando sua morte, seus melhores amigos disseram que embora sua morte física tivesse de fato ocorrido, Dean Martin já havia desistido de viver há muitos anos. Após ter perdido o filho num desastre aéreo, Martin dizia ter perdido o interesse em continuar vivendo. Sem o filho, ele não queria mais viver e ansia-

va pela morte. Os amigos tentavam ajudá-lo a atravessar essa época difícil, porém, Martin estava convencido de que para ele a vida tinha acabado. Tornou-se um recluso, recusava-se a ver os amigos e passava os dias em solidão, assistindo TV. A morte trágica do filho sufocou o seu desejo de viver.

É perigoso depositar nossa felicidade nos ombros de outra pessoa, de uma carreira ou de um negócio. Por mais trágico que fosse o acontecimento, Dean Martin ainda tinha muita vida pela frente. Ele poderia ter viajado com seu bom amigo Frank Sinatra, aceito os convites para jantar e apreciado a companhia de amigos próximos, ou se dedicado a um grande número de causas. Em vez disso, ele desistiu da vida. Ele não foi o único a ter esse tipo de reação.

Certamente eu não estou afirmando que nosso trabalho tenha o mesmo peso que os nossos relacionamentos. Contudo, quando as pessoas morrem, a vida continua. Nós nos afligimos. Refletimos. Enternecemo-nos com os velhos tempos. As expectativas são reajustadas. Nós prosseguimos. Da mesma forma, sofreremos com decepções, com expectativas não concretizadas e com a morte de sonhos e objetivos em nossa vida profissional. Nós nos concentramos em outra coisa, observamos cuidadosamente nossas reações e seguimos em frente. Desistir e se entregar à infelicidade é simplesmente uma perda de tempo e de talento.

4. Esqueça um pouco de si mesmo. Eu recebi de fonte desconhecida um artigo intitulado "Como Ser Infeliz". Nele o autor diz: "Pense sobre você mesmo. Fale de si mesmo. Use a palavra 'eu' tão freqüentemente quanto possível. Faça uma imagem de si mesmo com base na opinião das outras pessoas. Ouça com avidez tudo que as pessoas dizem sobre você. Almeje ser apreciado. Seja desconfiado. Seja ciumento e invejoso. Fique sentido quando o menosprezarem. Nunca perdoe uma crítica. Não confie em ninguém a não ser em si mesmo. Insista em receber consideração e respeito. Exija que todos concordem com os seus pontos de vista sobre qualquer assunto. Fique amuado se as pessoas não se mostrarem gratas com favores prestados. Nunca esqueça qualquer serviço que tenha prestado. Falte com suas obrigações se puder. Faça o mínimo possível pelas outras pessoas".

Observo freqüentemente que as pessoas mais infelizes com seu trabalho são aquelas que preferem pensar constantemente em si mesmas e em como são infelizes. As pessoas mais felizes que tenho encontrado estão tão ocupadas em criar e gozar a vida, que elas nem mesmo pensam em ser felizes. Sua felicidade é um subproduto dos seus esforços altruísticos. Greta Palmer observou sabiamente: "Felizes são somente aqueles que direcionam a mente para objetivos que não são a própria felicidade — para a felicidade das outras pessoas, para o desenvolvimento do ser humano, até mesmo para alguma arte ou busca, empreendida não como um meio, mas como um fim ideal em si mesmo".

5. Mude seu modo de pensar. Segundo Dale Carnegie: "A felicidade não depende de quem você é ou do que você possui; ela depende unicamente do que você pensa". Se você pensa continuamente em si mesmo — no que você quer, na vontade de ter um emprego mais estimulante, no descontentamento com seu salário, na necessidade de tirar férias, num chefe melhor ou simplesmente que o Sol brilhe para que você se anime —, então a tristeza e não a felicidade será sua companheira de todas as horas. Afaste-se da tentação de patrocinar um campeonato de lamentações e ocupe-se de algo a respeito do que você possa de fato fazer alguma coisa. Persista nisso. Você ficará surpreso ao observar como suas ações modificarão rapidamente suas emoções e sua maneira de pensar.

6. Energize a situação atual. Ser feliz num emprego que não é bem o que você esperava — ou como deveria ser — não é fácil. Se você se enquadra na categoria das pessoas permanentemente insatisfeitas com o emprego, há uma esperança. Você ainda tem a opção de ser mais feliz no emprego concentrando-se nas influências que estão sob seu controle e fazendo algo a respeito. Você também pode optar por ficar infeliz para sempre.

Charlie Jones, conhecido como "o Tremendo", nos lembra que, "Se você não pode ser feliz onde está, é certo que você não pode ser feliz onde não está". Em outras palavras, se você não pode ser feliz agora, com o que possui, com o que faz e com quem é, você não será feliz quando conseguir o que você acha que quer. A felicidade chega quando se aprende a técnica de viver cada momento e tirar dele o máximo de proveito. Algumas experiências, incumbências no trabalho e pessoas podem fazer com que seja mais fácil ser feliz, mas elas não têm o poder de torná-lo feliz, a não ser que você lhes permita fazer isso. Você tem a opção de ser feliz ou infeliz com suas circunstâncias. Como você ou é uma coisa ou é outra, por que não escolher a felicidade?

Quando a infelicidade revelar sua face horrenda, lembre-se do caráter passageiro da tristeza — se você a escolher. A felicidade não ressurgirá por si mesma se ficarmos amuados e meditarmos sobre o fato de que não somos tão felizes quanto pensamos que deveríamos ser ou gostaríamos de ser. "É bom ser apenas medianamente feliz", afirma Henry Miller. "É um pouco melhor saber que você é feliz; mas compreender que você é feliz e saber por que e como... e ainda ser feliz, ser feliz em ser e em saber, bem, isso está além da felicidade, isso é êxtase." Domine essa atitude e à medida que progredir, você notará que a felicidade o acompanha. Pare de buscar a felicidade e deixe que ela alcance você.

Para sentir felicidade, precisamos treinar para viver este momento, saboreá-lo pelo que ele é, sem correr na frente ansiando por alguma data futura, nem ficando para trás, na paralisia do passado.

LUCI SWINDOLL

NADA É SUFICIENTEMENTE BOM

*Então vamos fazer o que é certo,
dedicar o melhor de nossos esforços
para atingir o inatingível,
desenvolver ao máximo os dons
que Deus nos concedeu, e nunca
parar de aprender.*

LUDWIG VON BEETHOVEN

OS ESTUDIOSOS HERDARÃO O FUTURO

É difícil acreditar, ao observar o âncora Peter Jennings do "ABC Evening News", que ele nem sempre foi um jornalista educado. Sua primeira tentativa, aos vinte e poucos anos de idade, não o ajudou a criar a imagem de um jornalista experiente, sempre amável com sua audiência.

Após ocupar o cargo de âncora por três anos, Jennings tomou uma atitude audaciosa. Deixou seu cargo invejável e retirou-se para as trincheiras, com o intuito de aperfeiçoar suas habilidades como repórter de campo. Em seu livro informativo *Anchors: Brokaw, Jennings, Rather and the Evening News*, Robert Goldberg e Gerald Jay Goldberg oferecem uma visão introspectiva da jornada empreendida por Jennings para tornar-se um respeitável jornalista de televisão. Eles descrevem como Jennings, que nunca concluiu o curso universitário, fez das ruas sua sala de aula. Ele cobriu uma grande variedade de acontecimentos nos Estados Unidos, tornou-se o primeiro correspondente efetivo de uma rede no Oriente Médio, mudou-se para Londres e cobriu outras cidades na Europa, antes de retornar à posição de âncora na ABC.

Meu emprego é tão secreto que nem eu sei o que estou fazendo.

WILLIAM WEBSTER

Hoje em dia, para ter sucesso nos negócios as pessoas têm de saber procurar por experiências em que possam se envolver pessoalmente, por estímulos intelectuais, além de se interessar por informações que possam aumentar sua eficiência. O processo de ascensão na carreira ou de construção de uma reputação positiva na sua posição atual é acelerado pela capacidade de aprender, de absorver, de adaptar e de aplicar informações que mantenham afiadas as suas habilidades. Você precisa responder pela contínua supervisão do nível de suas aptidões por meio da auto-reflexão e da busca de oportunidades que levem seu profissionalismo a um patamar superior.

Lendo, ouvindo, assumindo riscos e submetendo-se a novas experiências, você poderá superar a ignorância que gera a complacência e bloqueia a vitalidade profissional. A competência no trabalho requer uma atualização constante das suas habilidades e a capacidade de estimular a si mesmo a aprender ao longo de toda a sua vida profissional. Faça do seu emprego a sua sala de aula. Sua bagagem de conhecimentos é valiosa para a organização e evita que suas habilidades se tornem obsoletas. Quando seu trabalho estiver fluindo sem problemas, redobre sua dedicação aos estudos. Quando os tempos forem difíceis e as exigências, elevadas, estude quatro vezes mais. Estudar é uma ofensiva maravilhosa num mundo que muda radicalmente a cada dia.

Ironicamente, um histórico de sucessos profissionais pode desacelerar o crescimento. A satisfação com o passado e com o presente inibe o aprendizado acelerado e o poder de adaptação. Se não mudar sua postura, substituindo-a por uma busca insaciável por aprendizado amplo e criativo, você perderá sua vitalidade, estacionando no passado. O aprendizado contínuo evita a complacência e aumenta a competência. Não importa o quanto você é bem-sucedido, se não investir em seu crescimento pessoal, o risco de afundar numa atividade repetitiva e hipnótica é inevitável. A chave do sucesso sustentável é continuar estudando. Explore, ajuste-se, adapte-se e desenvolva-se em novas direções.

Procure pelas pessoas que o desafiarão. Não importa o quanto você é competente, nunca deixe que seu ego fique inchado a ponto de você obliterar as aptidões das outras pessoas. Peça o auxílio de um amigo, de um mentor que lhe diga com sinceridade onde você pode crescer, expandir seus talentos ou procurar novas possibilidades. Você quer alguém que o desafie e o inspire a enfrentar o que desconhece. Um amigo como esse provará que tem um valor do ponto de vista profissional.

Aprenda com seus atos. John Kotter, da Harvard Business School, sugere: "Você enfrenta um desafio, trabalha nele, então analisa honestamente por que suas estratégias funcionaram ou não. Você aprende com isso e então vai em frente. Esse processo contínuo de aprendizado vitalício é de enorme utilidade num cenário econômico que muda rapidamente".

Li a respeito de dois rapazes que deveriam ter aceito o conselho de aprender com as próprias ações. Jake e Joe eram caçadores ávidos. Uma caçada de uma semana nas florestas do Canadá rendeu um alce grande a cada um deles. Quando o piloto que os trouxera voltou para levá-los da floresta, mostrou imediatamente uma preocupação.

— Eu não posso voar daqui com vocês, todo o equipamento e esses dois alces.

— Por que não? — Joe perguntou surpreso.

— Porque meu avião não tem força suficiente para carregar uma carga tão pesada.

— Mas o avião que nos tirou daqui no ano passado era exatamente igual a este — protestou Jake.

— Verdade? — respondeu o piloto. — Então, acho que se vocês conseguiram no ano passado, eu também conseguirei.

Eles colocaram a carga no avião e iniciaram a decolagem. O avião arrastou-se pela água, lutou para subir acima da floresta com todo aquele peso, mas bateu contra uma montanha. Abalados, mas sem ferimentos, os homens arrastaram-se para fora dos destroços e Joe perguntou:

— Onde estamos?

Jake inspecionou os arredores e respondeu:

— Não tenho certeza, mas acho que fomos aproximadamente uma milha além do que no ano passado.

Aprenda com suas experiências. Se as coisas não dão certo, não insista em continuar fazendo-as da mesma maneira nem espere resultados positivos.

As organizações de hoje não têm piedade para com os displicentes com relação ao estudo. Espera-se que as pessoas sejam responsáveis pela atualização de seus conhecimentos; caso não sejam, são deixadas para trás. Tornar-se obsoleto é um fato que ocorre rapidamente quando não se faz uma reciclagem constante. Seu supervisor pode ser um grande defensor do crescimento pessoal, mas você definitivamente precisará do impulso interior para saber do que necessita para adquirir o conhecimento especializado de que precisa. Quanto mais você sabe, mais valioso você é.

Eric Hofer acreditava que: "Em tempos de mudanças drásticas, são os estudiosos que herdam o futuro. Os estudiosos costumam estar preparados para viver num mundo que não existe mais". Prepare-se agora para receber a sua herança... o futuro.

VÁ ALÉM DE ONDE VOCÊ ESTÁ

> *Somente aqueles que se reciclam constantemente têm uma chance de permanecer empregados nos próximos anos.*
>
> TOM PETERS

Atualize seu currículo. Relacione todas as suas habilidades, talentos e aptidões. Inclua tanto as suas qualidades pessoais como as profissionais. Não quebre seu braço dando tapinhas nas próprias costas, mas recapitule cuidadosamente todas as suas realizações.

Agora, com base no que escreveu, faça a você mesmo a seguinte pergunta: O que fiz nos últimos trinta dias para aumentar minha competência nessas áreas e expandir meus conhecimentos?

O profissional realizado e aquele que os empregadores consideram mais valioso é um indivíduo que cresce continuamente, sempre expandindo seus conhecimentos. Pense além dos fundamentos básicos que você dominou, pense em novas oportunidades e desafios. Em vez de fixar o seu radar numa área que você já conhece, busque o desconhecido. Tenha idéias em áreas que os outros tenham negligenciado. Torne-se curioso, explorando alternativas para mudanças inovadoras e melhorias.

Descansar sobre os louros do passado não é atualmente uma atitude aceitável e está longe de garantir uma carreira promissora. Para enfrentar a natureza mutável do mundo que nos cerca é necessário que atualizemos constantemente as nossas aptidões. Não garantimos nosso emprego batendo todos os dias o cartão de ponto. Precisamos rever nossa maneira de pensar quanto ao valor que oferecemos à organização. Sentir-se no direito de galgar mais um degrau na carreira, de receber aumentos de salário ou até mesmo de manter a posição que se conquistou é uma armadilha frustrante.

Torne-se um perito no que você faz. Reciclagem constante — aprendizado contínuo — renovação profissional. Esses são os instrumentos do profissional competente e mais requisitado. A disposição incansável de tornar eficazes os hábitos de trabalho, a melhora das credenciais, a análise profunda dos seus interesses e uma sede insaciável de conhecimento.

Minha filha é dançarina. Eu fico maravilhado com os esforços que ela faz para aumentar a precisão de seus passos. A prática inclui o alongamento dos músculos, a coordenação de passos graciosos com os movimentos distintos dos braços, a disposição para ir além dos seus limites, tudo isso enquanto mantém um sorriso que camufla o incômodo que sente.

O recital de dança no final do ano gera excitação e ansiedade entre os dançarinos, desejosos de exibir o fruto de seus esforços. Horas cansativas de instruções e aprendizado culminam numa produção gratificante para os pais. Mas nada disso seria possível sem o aperfeiçoamento e um crescimento consistente.

Seu recital é uma performance diária que exige que você sonhe, se atreva, se alongue e se arrisque além das suas ambições habituais mais comuns. Não deixe que suas aptidões do passado ou do presen-

> *Enquanto está verde, você estará crescendo; assim que você amadurece, você começa a apodrecer.*
>
> RAY KROC

te se tornem inadequadas no futuro. Suporte o desconforto que freqüentemente acompanha o alongamento. Recorde diariamente que quanto mais você desafiar a si mesmo a se superar, mais fácil será sua tarefa quando exigirem de você uma produção que agrade a muitos.

Um amigo perguntou a Henry Wadsworth Longfellow qual era o segredo do seu contínuo interesse pela vida. Apontando na direção de uma macieira, ele respondeu: "O objetivo dessa macieira é fazer crescer um pouco de madeira nova a cada ano. Isso é o que eu planejo fazer". Eu posso lidar com crescimento profissional quando ele é compreendido de acordo com a perspectiva de Longfellow. Fazer crescer um pouco de madeira nova a cada ano é algo que nos protege da estagnação e pode até mesmo propiciar o crescimento de um galho totalmente novo.

A excelência profissional exige que avancemos além das limitações passadas e do *status quo* atual. Redirecione suas energias para uma forma não-descoberta, não-delineada e não-usual de fazer as coisas. Abandone as rotinas familiares e supere o vício de usar fórmulas ineficazes de realizar tarefas. Crie um novo paradigma de desempenho que possibilite uma mudança na forma com que você sempre encarou seu trabalho.

Quanto mais profundos forem seus conhecimentos, quanto mais você souber como fazer as coisas, mais condições terá de realizar seu trabalho da melhor maneira, mais valioso você se tornará e mais satisfação você terá em sua vida profissional.

PREPARE-SE PARA O FUTURO

Contam por aí a história de um homem que percebeu que estava lentamente perdendo a memória. Ele procurou um médico, e, após um exame cuidadoso, este lhe disse que uma cirurgia no cérebro poderia reverter a situação e fazê-lo recuperar a memória.

— No entanto — disse o médico — você precisa compreender que a cirurgia é muito delicada. Se um nervo for lesado, isso poderá resultar em cegueira total.

Um silêncio profundo encheu a sala.

— O que você prefere conservar — perguntou o cirurgião, tentando quebrar o incômodo silêncio —, a visão ou a sua memória?

O homem ponderou sobre suas alternativas por alguns momentos e então respondeu.

— A visão, porque eu prefiro ver para onde estou indo, a lembrar onde já estive.

Esse mesmo raciocínio é endossado pela pessoa que entende como a vida está passando rapidamente e que, para sobreviver e prosperar, ela precisa deixar o passado para trás. Você pode não esquecer o

> *O ritmo dos acontecimentos é tão rápido que, a não ser que encontremos uma forma de manter nosso olhar no amanhã, não conseguiremos manter contato com o dia de hoje.*
>
> DEAN RUSK

seu passado, mas você não precisa viver nele. Jack Hayford, pastor da Igreja do Caminho, em Van Nuys, Califórnia, comentou: "O passado é um assunto morto e não podemos ganhar impulso para nos mover em direção ao amanhã se estivermos arrastando o passado atrás de nós". Por mais importante que seja o seu passado, ele não é tão importante como o caminho que você vê e prepara para o futuro. Nossos esforços, portanto, devem se concentrar na tarefa de aguçar nossa visão, e não de salvar nossa memória.

Eis aqui algumas sugestões úteis para construir o seu futuro.

Saiba o que você pretende. Nos últimos anos, eu tenho encontrado muitas pessoas preocupadas com o futuro. As pessoas se preocupam com o que está por vir. O que elas terão de enfrentar? Como poderão calcular as exigências crescentes? O que fazer para manter a vida fluindo normalmente?

Carregar sobre os ombros preocupações tão aflitivas como essas pode se tornar realmente um fardo pesado. Uma opção para isso é saber exatamente o que você pretende. Que valores e princípios norteiam sua vida? Em que ponto você está disposto a ser flexível? Em que áreas não há lugar para negociação? Procure definir os parâmetros que definirão o modo pelo qual você viverá sua vida.

Reexamine sua perspectiva do futuro. Quando não temos esperança no futuro, continuamos obcecados com o passado. Quando temos fé no futuro, temos força para viver o dia de hoje.

O medo é certamente uma emoção normal quando olhamos para o futuro. Esse é um motivo que faz com que muitas pessoas continuem vivendo no passado. O que existe ali para temer, se eu já suportei tudo isso? Existem muitas variáveis incontroláveis quando você começa a pensar no amanhã. Mas é no amanhã que iremos passar o resto de nossa vida e não é saudável e tampouco necessário deixar que o medo continue nos controlando.

Existe uma eterna fascinação em apontar o aspecto negativo inevitável do futuro. Eu nunca deixo de me admirar com o número de pessoas que podem transformar em catástrofe qualquer noticiazinha ruim, a ponto de torná-la motivo para a maior depressão desta geração. O dr. Norman Cousins aconselhou: "Uma das coisas mais importantes da vida é a necessidade de NÃO aceitar as previsões negativas dos especialistas. Isso se aplica tanto às relações interpessoais quanto aos negócios. Ninguém tem conhecimento suficiente para prever a total ruína de algo".

Lamentar a respeito de possíveis acontecimentos futuros é contraproducente. Perdemos uma quantidade substancial de energia quando impomos resistência, ficamos com raiva ou evitamos um futuro que desafie as suposições e expectativas do presente. Mantenha a fé, tenha uma visão mais abrangente da vida e invista suas energias nas oportunidades potenciais.

Seja flexível. Alguém disse certa vez, "Benditos sejam os flexíveis, pois eles não correrão o risco de se quebrar ao meio". Eis um conselho que se explica por si só, mas que convém repetir: Esteja preparado, pois nem tudo na vida caminhará de acordo com os seus planos.

Muitas decepções poderiam ser evitadas se as pessoas procurassem novas abordagens quando as coisas não caminham de acordo com o previsto. Em vez de lamentar as injustiças da vida, use sua energia para encontrar e aproveitar oportunidades inestimáveis, antes inexistentes. Levando em conta esse princípio você estará mais apto a acompanhar o ritmo das mudanças.

Deixe que as virtudes do trabalho árduo e das expectativas positivas criem um sentimento renovado de esperança no sucesso futuro.

Focalize uma visão do futuro. Aperte o cinto de segurança. Este passo possibilitará um avanço rápido rumo ao controle e ajuste das suas idéias. Em vez de se preocupar ou de se lamentar por tudo que não deu certo, ocupe seu tempo criando uma visão do futuro que você deseja.

Peter Block, no livro *The Empowered Manager,* lembra-nos que: "Nós reivindicamos o direito sobre a nossa própria vida quando identificamos o futuro que desejamos para nós e para o nosso grupo. Nosso compromisso mais profundo é o de optar por viver, optar pelo destino que nos foi reservado, e optar por cumprir esse destino. Essas opções se expressam no trabalho quando criamos uma visão para nosso grupo e decidimos concretizar essa visão a qualquer custo".

Você será muito mais feliz se puser o futuro para trabalhar "para" você, em vez de deixá-lo que trabalhe "em" você. Faça da próxima semana, do próximo ano e da próxima década aliados seus, definindo o que você quer e concentrando sua atenção nisso. Tenha sempre essa visão em mente, reveja-a constantemente em sua imaginação e defina ações específicas que o levarão para mais perto dela a cada dia.

Num ensaio intitulado "Good Guys Finish First (Sometimes)", Andrew Bagnato conta a seguinte história:

Prepare-se Para o Futuro

Depois de uma campanha de derrotas e vitórias, que os levou ao Rose Bowl — seu primeiro em décadas — o time dos Wildcats, da Northwestern University, encontrou-se com o treinador Gary Barnett para a abertura dos treinos da primavera.

Enquanto os jogadores ocupavam seus lugares, Barnett anunciou que ele faria a entrega dos prêmios que muitos dos Wildcats haviam ganho em 1995. Alguns jogadores se entreolharam. Barnett normalmente não se prendia ao passado. Porém, à medida que o treinador continuava chamando os jogadores e entregando as placas que proclamavam suas vitórias, eles eram aclamados por seus colegas de equipe.

Um dos outros treinadores entregou a Barnett uma placa comemorativa da sua classificação como treinador do ano, a décima sétima que ele recebia. Então, quando os aplausos diminuíram, Barnett dirigiu-se para uma lata de lixo onde estava escrito "1995". Ele lançou um olhar de admiração para sua placa e então a jogou dentro da lata.

No silêncio que se seguiu, um a um, os jogadores premiados lançaram suas placas sobre a de Barnett. O treinador havia transmitido uma mensagem sem pronunciar uma única palavra: "Rapazes, o que vocês fizeram em 1995 foi extraordinário. Mas olhem para o calendário: estamos em 1996".

Como sugeriu André Gide: "Não se descobre novas terras sem consentir em perder de vista a costa por muito tempo". Deixe para trás a costa do ontem e comece a ansiar por um novo horizonte.

Hoje é o primeiro dia do restante de sua vida. Assim, de nada serve se inquietar pelo passado, pois não há nada que você possa fazer a respeito. Mas, você tem o dia de hoje, e é hoje que começa tudo o que está para acontecer.

HARVEY FIRESTONE JR.

NÃO SE CONTENTE EM SER NADA MENOS QUE O MÁXIMO!

Faça o que você faz tão bem que aqueles que o vêem fazer voltem para ver você fazer de novo e digam aos outros que eles deveriam ver o que você faz.

WALT DISNEY

Para que o seu desempenho atinja o nível máximo é preciso que você seja alguém acima da média. Você tem de superar as expectativas de quem quer que seja. Henry Ward Beecher acreditava que, para ter sucesso, você tem de: "Ser responsável por um padrão mais elevado do que aquele que qualquer pessoa espera de você".

"Ninguém jamais conquistará muito sucesso fazendo simplesmente o que se espera." Charles Kendall Adams acrescentou: "É o que excede em valor e excelência ao que se espera que determina a grandeza". Deixe-me ilustrar essa afirmação.

Quando jovem, Walt Disney acompanhava as filhas numa tarde a um parque de diversões local. Sentado num banco sujo do parque, comendo pipoca amanhecida, cachorro-quente com gosto de borracha e bebendo refrigerante aguado, ele sonhava criar o parque de diversões ideal. Sonhava com um lugar que famílias do mundo inteiro se sentissem atraídas a visitar. Disney pensava em todos os detalhes, desde a Avenida principal até os Piratas do Caribe. Comida de boa qualidade, limpeza, passeios atraentes e convidativos e uma variedade de divertimentos saudáveis, que seriam do interesse de todos. Essa seria uma aventura familiar inigualável.

Disney levou quinze anos para converter esse sonho em realidade. Até mesmo as pessoas mais próximas a ele achavam difícil se relacionar com essa visão tão grandiosa. Seu próprio irmão, Roy, julgava a idéia mirabolante. Walt encontrou inúmeros problemas e obstáculos. Teria sido fácil decidir por algo menor do que ele idealizara. Mas, quando a Disneylândia foi aberta em 1955, a obra real era tão impressionante quanto a que ele imaginara.

Trinta mil pessoas visitaram o parque no dia da inauguração. Sete semanas depois, um milhão de pessoas haviam se divertido com a criação de Disney. Hoje, milhões de pessoas a cada ano vivem a experiência da concretização do conselho do próprio Disney: "Faça o que você faz tão bem que aqueles que o vêem fazer voltem para ver você fazer de novo e digam aos outros que eles deveriam ver o que você faz".

Disney sabia que, se ele não tivesse almejado o "máximo", as pessoas esqueceriam que a Disneylândia existia e ela logo seria considerada apenas um parque de diversões como os outros. Para evitar cair nesse erro, o metal do carrossel da Disneylândia é polido diariamente, os bancos do parque parecem sempre novos graças às pinturas freqüentes e os alvos das bancadas de tiro ao alvo recebem um retoque de pintura todas as noites. A equipe de limpeza é treinada exaustivamente antes de enfrentar seu inacreditável desafio e até mesmo a equipe do estacionamento recebe todas as instruções para cumprir o compromisso de Disney com relação à cortesia.

Sem dúvida alguma Walt Disney superou as expectativas que as pessoas tinham com respeito a parques de diversões. Ele começou com uma visão imponente do que poderia ser e insistiu em vender essa visão e o seu resultado tangível. Disney deu muita atenção aos detalhes e desafiou aqueles que deram prosseguimento ao projeto a con-

> *Segundo a minha filosofia, você não é apenas responsável pela sua vida, mas ao fazer o melhor neste momento, o coloca em posição de vantagem no momento seguinte.*
>
> OPRAH WINFREY

tinuar procurando meios de melhorá-lo. Seus altos padrões pessoais e sua autodisciplina tornaram possível para aqueles que levaram o projeto adiante criar uma experiência de nível "máximo".

Willa A. Foster disse certa vez: "A qualidade nunca é acidental; ela é sempre o resultado de intenções elevadas, esforço sincero, orientação inteligente e execução hábil; ela representa a escolha sábia entre muitas alternativas". Em poucas palavras: Você sempre será tão bom quanto as escolhas que faz. Talento, circunstâncias, sorte, hereditariedade, ambiente e personalidade são fatores irrelevantes. O que importa é até que ponto você planeja ser bom usando o que tem à mão.

A excelência pessoal e profissional exige que você dedique ao trabalho cem por cento do seu tempo. Uma dedicação de 89, 93, ou até mesmo 98 por cento reduz o desempenho "máximo" a níveis aceitáveis ou medíocres. A adequação não é um objetivo muito estimulante. Se você quer que os seus esforços sejam notados, planeje fazer melhor do que você ou os outros jamais pensaram ser possível.

"Independentemente do que você faz, faça da melhor maneira possível", aconselhava Russell H. Conwell. "Eu sempre atribuo meu sucesso... ao fato de sempre exigir de mim mesmo o melhor possível, ainda que seja para pregar um prego direito." É isso.

Pessoas bem-sucedidas nunca se satisfazem com a mediocridade ou em não usar o máximo de suas capacidades. Zig Ziglar disse, "Sucesso é a utilização máxima da capacidade que você tem". O lendário treinador de basquetebol John Wooden concorda. "O sucesso", disse ele, "vem quando você sabe que fez o melhor que pôde para se tornar o melhor que você é capaz de se tornar." Nessa busca, é impossível se satisfazer com menos do que a excelência.

Quando nossos filhos chegaram numa certa idade, instituímos

uma regra básica em casa. Não era uma regra sempre popular porque tornava as crianças responsáveis por suas ações. A regra? Empenhe-se em cada jogo de bola, desafio escolar, competição de dança, evento musical ou qualquer outra experiência na vida cotidiana, com o compromisso sincero de dar o melhor de si. Minha mulher e eu nunca exigimos que nossos filhos fossem os melhores, os mais espertos ou os mais rápidos. Todavia, eles lhe dirão que havia uma expectativa indefensável de que eles dariam o melhor de si, executariam da melhor forma que pudessem e seriam os melhores que conseguissem ser.

Lembra-se de Nadia Comaneci? Ela foi a primeira ginasta a conseguir um escore perfeito numa competição olímpica. Recordo-me de ter assistido àquela exibição impecável na Olimpíada de 1976, em Montreal. Foi impossível não se entusiasmar com a performance de Nadia e com a medalha de ouro.

Numa entrevista posterior à apresentação, Comaneci explicou as expectativas que estabelecera para si mesma e como foi capaz de manter um desempenho tão bom: "Eu sempre subestimei o que fazia, dizendo: 'eu posso fazer isso melhor'. Para ser um campeão olímpico você precisa ser um pouco anormal e trabalhar com mais ardor do que qualquer outra pessoa. Ser normal não é bom, porque você terá uma vida aborrecida. Eu pauto minha vida por um código que criei: não reze para ter uma vida fácil. Reze para ser uma pessoa forte".

Pessoas bem-sucedidas vão além do que as outras consideram aceitável. Elas fazem mais do que os outros esperam, estabelecem limites que as fazem superar seu desempenho anterior, dão atenção aos menores detalhes e se dispõem a avançar uma milha a mais, o que as empurra para fora do baú da mediocridade. Ser o melhor nunca acontece por acaso. Você tem que fazer isso acontecer. E isso começa quando você aceita a responsabilidade pelos seus métodos e resultados.

NO TRABALHO, TORNE-SE O "DONO DO NEGÓCIO"

✺

O segredo para ter sucesso no emprego é trabalhar como se estivesse trabalhando para si mesmo. Sua companhia lhe proporciona o lugar de trabalho, o equipamento e outros benefícios, mas basicamente você sabe o que tem que ser feito e a melhor maneira de fazer isso; portanto cabe a você dirigir o seu próprio espetáculo.

LAIR RIBEIRO
O sucesso não acontece por acaso

AJA COMO O PROPRIETÁRIO

Calcule quantas horas você dedica ao trabalho e você logo constatará que seu emprego representa a maior parte da sua vida. Ele requer um investimento enorme, portanto, trabalhar apenas para receber um contracheque e alguns benefícios gerará apenas uma satisfação profissional temporária. Na verdade, um dos erros mais graves que você pode cometer é pensar que está trabalhando para outra pessoa.

Andy Grove, diretor-executivo da Intel Corporation, deu um ótimo conselho aos formandos da University of California, em Berkeley. Ele disse: "Tenha em mente que, não importa onde irá trabalhar, você não é um empregado — você é uma empresa com um empregado — você mesmo. Ninguém lhe deve uma carreira. Você possui uma carreira, e é o seu único proprietário. Você competirá com milhões de pessoas a cada dia em sua carreira. Você precisa aumentar o seu valor a cada dia, aprimorar suas vantagens competitivas, aprender, adaptar-se, movimentar empresas e indústrias — poupar para poder avançar, aprender novas técnicas. Assim você não se tornará um número nas estatísticas de 2015. E lembre-se: este processo se iniciará na próxima segunda-feira".

Aceite-se sempre como o seu próprio empregador e encare cada uma das coisas que você realiza ou não realiza como de sua própria responsabilidade.

BRIAN TRACY

Veja a seguir como pôr em prática essa mentalidade de "proprietário".

Assuma a presidência da sua própria corporação pessoal. Aceite a responsabilidade pelos resultados que você produz e procure continuamente soluções para problemas de desempenho e para barreiras à produtividade. O resultado natural será a melhora do seu desempenho. Você é definitivamente o responsável pela qualidade do seu trabalho e pela satisfação que você obtém. Imponha a si mesmo o desafio de fazer o que quer que seja necessário para ser bem-sucedido e assuma a responsabilidade pelas falhas. Não importa quem assina os seus contracheques, pois, em última análise, você trabalha para si mesmo.

Dedique-se apaixonadamente àquilo que você faz. No mercado de trabalho atual não há lugar para pessoas que chegam pela manhã, ocupam-se apaticamente a oito horas de movimentos repetitivos, e então caem fora. Assuma o controle do seu estado de ânimo. Não espere que a empresa ou que outra pessoa desperte seu entusiasmo. Ninguém tem o poder de mantê-lo inspirado. Encha você mesmo o seu reservatório de energia. Quando você mergulha de cabeça no trabalho, como se fosse o dono do negócio, você cria uma capacidade ímpar de saborear a aventura de trabalhar por horas e horas.

Nunca confunda tempo de serviço com dedicação. O tempo de serviço é importante, se você continua a agregar valor ao seu departamento e/ou organização. Eu tenho pena das pessoas que cometem o erro de pensar que o longo tempo de serviço lhes garantirá segurança, um salário maior ou mais privilégios. Simplesmente não funciona dessa forma. As organizações simplesmente não têm interesse pela carreira das pessoas como tinham no passado. A maioria dos profissionais está basicamente por sua própria conta.

A lealdade à empresa é algo valioso, mas você não tem vantagens extras por "dedicar o seu tempo". Enxergue além da descrição das suas funções para encontrar meios de contribuir mais para a organização do que aquilo que você custa a ela. Faça mais do que lhe pedem. Fique além do expediente. Procure maneiras de aumentar o seu valor para a empresa, superando aquele pelo qual é pago. Torne evidente que você faria falta se não estivesse lá. Se você não consegue identificar nada que tenha feito para beneficiar a empresa, comece a atualizar o currículo.

Pense em termos de parceria. J. C. Penney certa vez declarou: "Eu não terei nenhum homem trabalhando para mim que não tenha capacidade para se tornar meu sócio". Inspire as outras pessoas a fazer as coisas acontecerem. Procure maneiras de cultivar relacionamentos de mútua cooperação. Assuma mais responsabilidade pelo sucesso de toda a organização. Forme uma imagem do que seu departamento poderia se tornar. Como você, pessoalmente, diminui os custos, aumenta a produtividade, elimina o desperdício, atende melhor o cliente e melhora o bem-estar emocional da empresa?

Aceite a necessidade de mudança. As organizações precisam de pessoas com um alto desempenho. É praticamente impossível ser um ótimo profissional sem manter um aperfeiçoamento contínuo e muitas vezes rápido. Torne-se um especialista no que você faz e então faça tudo o que estiver ao seu alcance para estar a par do que acontece no seu campo de atuação. Ou você se torna um eterno aluno e adquire novas técnicas continuamente ou fica antiquado e obsoleto.

Aprenda a lidar com a ambigüidade e com a incerteza. Apóie enfaticamente as mudanças e o aumento de responsabilidades. Seja maleável e flexível. Improvise na medida necessária e aceite o fato de que os tempos estão mudando e de que nada vai voltar ao "normal". Sinta o seu caminho para o futuro e continue respondendo pelas suas ações. Delegue autoridade a si mesmo. Descubra seu potencial não-explorado.

Agir como se tivesse seu próprio negócio o deixa livre para capitalizar as possibilidades e responsabilizar-se pelos resultados. Essa é uma oportunidade maravilhosa para brilhar na sua posição, desenvolver uma reputação de empreendedor e fazer uma significativa diferença para aqueles que pagam pelo seu trabalho.

APROVEITE O TEMPO PARA CONSERTAR O SEU BARCO FURADO

Aqui está uma novidade que você vai adorar: os problemas fazem parte de todo tipo de trabalho. Naturalmente, isso não é novidade para você. O importante é saber se você decide fazer algo a respeito dos seus problemas ou se se contenta em reclamar deles. É fácil ficarmos tão envolvidos com as provas e atribuições que não conseguimos superá-las.

Gosto muito da história do homem que estava num barco a remo a aproximadamente 20 metros da margem. Ele está remando como um louco, mas não consegue chegar a lugar nenhum. Uma mulher que estava de pé na praia vê o homem em dificuldades e percebe que o barco tem um grande rombo no casco e está afundando lentamente. Ela grita para o homem, mas ele está ocupado demais, tirando a água do barco, para lhe responder. Ela grita mais alto, mas ele continua a remar e a tirar água. Finalmente ela grita com toda a força de seus pulmões:

— Ei, se você não trouxer o barco para a margem e consertar o rombo, você vai afundar!

— Obrigado, senhora — o homem responde —, mas eu não tenho tempo para consertar o rombo.

A regra da precisão: Quando estiver trabalhando na solução de um problema, é sempre útil já saber a resposta.

JOHN PEER

Todos nós deparamos com situações em que precisamos de toda a nossa energia só para permanecer na superfície. Tirar a água e remar passam a ser as atividades mais urgentes. Se apenas dedicássemos algum tempo para reparar a origem do nosso problema, em vez de simplesmente atacar os sintomas, não ficaríamos tão esgotados no final do dia. Todo emprego requer que nos dirijamos à praia periodicamente para consertar nosso barco furado.

Os problemas são tão naturais como o nascer do sol pela manhã e o pôr-do-sol à tarde. Você verá muitos deles em sua carreira. Ganhe a reputação de solucionador de problemas e você será considerado um membro valioso da equipe. Relaciono a seguir algumas estratégias para serem consideradas à medida que você se torna um reparador de rombos.

Admita que existe um rombo. "A teimosia de não reconhecer a existência de um problema já pôs fim a muito lucro", observou Harvey Mackay. "Você não pode solucionar um problema sem primeiro admitir que tem um."

Em seu livro *Identity: Youth and Crisis*, Erik Erikson conta a história narrada por um médico a respeito de um homem numa situação peculiar. O idoso senhor vomitava todas as manhãs, porém, nunca teve disposição para consultar um médico. Finalmente, a família do homem o convenceu a se submeter a um exame geral.

O médico perguntou:

— Como o senhor está?

— Eu estou bem — o homem respondeu. — Não poderia estar melhor!

O médico o examinou e constatou que ele estava em boa forma para alguém com a idade dele. Finalmente, o médico perdeu a paciência e perguntou:

— Eu soube que o senhor vomita todas as manhãs.

O homem pareceu surpreso e disse:

— Claro! Isso não acontece com todo mundo?

Algumas pessoas não percebem que os problemas com que convivem não são normais. Elas os têm enfrentado por tanto tempo, que se convenceram de que todos têm um barco que faz água.

James Baldwin nos lembra que: "Reconhecer a existência de um problema nem sempre nos traz a solução, mas até que reconheçamos o problema, não poderá haver solução".

Seja realista quanto ao tamanho do rombo. Muitas vezes as pessoas olham telescopicamente para um problema e assim o vazamento parece maior do que é na realidade. Como E.W. Howe escreveu em *Success is Easier Than Failure*, "Algumas pessoas enfrentam tempestades imaginárias nos Alpes durante toda a vida, e morrem ao pé da colina amaldiçoando dificuldades que não existem". Foram esses exemplos que deram origem ao conselho popular *"don't make a mountain out of a molehill"*.* O editor americano Al Neuharth disse uma vez: "A diferença entre uma montanha e um montinho de terra é a sua perspectiva".

Um comerciante passou por uma queda drástica nas vendas e a ameaça de falência era real. Quando um amigo lhe perguntou co-

---

* Literalmente, "não faça de um montinho de terra uma montanha". Em português, o ditado equivalente seria "não faça tempestade em copo d'água". (N.T.)

mo ele estava, o homem respondeu:

— Os tempos estão tão difíceis que eu estou recebendo vários telefonemas por dia de autoridades do país inteiro!

O amigo ficou um tanto surpreso e perguntou:

— Por que eles lhe telefonam?

O executivo respondeu com amargura:

— Eles gostam de conversar com alguém que tem problemas maiores do que os deles.

John Maxwells acredita que "As pessoas precisam mudar de perspectiva, não de problema". Não exagere a dimensão dos seus problemas. Fazer drama ou transformar tudo em "catástrofe" coloca a sua atenção no problema, e não na sua capacidade de resolvê-lo. Questione a força e o poder de controle que você dá aos desafios.

Não espere por um salva-vidas. Se aceitar a responsabilidade pelos seus problemas, você poderá superar a crise. Se esperar que um salva-vidas venha acudi-lo, você poderá se afogar antes de o socorro chegar.

Um grande erro que muitas pessoas cometem é apontar a falha que causou o problema e então se eximir de qualquer responsabilidade para resolvê-lo. Se você está num barco e o barco está furado, de quem é o problema? Ainda que o furo tenha sido provocado por outra pessoa, você teria uma atitude sábia se fizesse alguns ajustes ou se dispusesse a aceitar os aborrecimentos, os conflitos ou o naufrágio que o furo causará.

Um problema é algo pelo qual você pode fazer alguma coisa a respeito. Se você deixar de fazer alguma coisa a respeito, ele se tornará um fato na vida, e então você precisará aprender a conviver com ele. Por sermos tão bons no jogo de encontrar culpados e em evitar responsabilidades pessoais, nós nos tornamos vítimas por vontade própria.

O ator e comediante W. C. Fields disse certa vez, "Lembrem-se, um peixe morto pode flutuar corrente abaixo, mas é preciso um peixe vivo para nadar corrente acima". É preciso um esforço ou habilidade mínima para apontar um dedo acusador na direção das outras pessoas. Que diferença faz agora acusar os outros? O problema é seu e é preciso tomar providências para solucioná-lo.

A pessoa realmente eficiente é aquela capaz de navegar corrente acima, contra o fluxo da irresponsabilidade e do hábito de apontar culpados, na direção de soluções exeqüíveis. O barco onde você está sentado é seu. Assuma a propriedade pelas condições em que ele está. Não focalize a atenção no rombo. Isso somente geraria medo, raiva, desespero e inércia. Em meio a essas reações emocionais, a clareza da solução ideal fica obscura. Valha-se da sua experiência e poder intuitivo para descobrir a melhor maneira de consertar o furo.

Encontre uma rolha que tampe o buraco. Eu gosto da história daquele velho médico do interior que estava examinando um paciente. Quando concluiu o exame, ele coçou a cabeça e perguntou espantado:

— Você já teve isso antes?

— Sim, já tive — respondeu o paciente.

O médico encarou o paciente e disse:

— Bem, você teve outra vez.

A epítome da frustração vem da análise contínua de um problema sem um diagnóstico adequado e um plano de ação. Você pode olhar fixamente para um buraco no barco e repetir continuamente para si mesmo, "É, há um buraco no barco", mas até que seja estabelecida uma ação corretiva, o risco de afundar permanece.

John Foster Dulles, secretário de Estado na administração Eisenhower, sugeriu que, "A medida do sucesso não é saber se você tem um problema crucial para resolver, mas se é o mesmo problema que você teve no ano passado". Thomas J. Watson Jr., antigo dirigente da IBM disse: "Eu nunca discordei da regra gerencial que estabelece que a pior coisa que você pode fazer é ficar inerte diante de qualquer problema. Solucione-o depressa, de modo certo ou errado. Se você não o solucionou da forma certa, ele voltará e o atingirá de frente, e então você poderá resolvê-lo da maneira certa. Não fazer nada é uma alternativa confortável porque não apresenta risco imediato, mas é uma maneira absolutamente fatal de dirigir um negócio".

O pastor e escritor A. B. Simpson contava a história de um fazendeiro que arava o campo em torno de uma grande pedra, ano após ano. Ele havia quebrado várias peças do equipamento sempre que colidia com ela. Toda vez que ele via aquela pedra em seu campo, ele esbravejava lembrando dos grandes aborrecimentos que ela já tinha causado.

Um dia o fazendeiro resolveu escavar a pedra e livrar-se dela para sempre. Colocando uma grande cunha sob um lado da pedra, ele começou a levantá-la e logo descobriu, para sua grande surpresa, que a pedra tinha menos de trinta centímetros de profundidade. Em pouco tempo, ele removeu a pedra e a colocou no carroção. Ele sorriu para si mesmo, pensando em quanta frustração aquela pedra "monstruosa" lhe havia causado.

Pare de arar em torno dos problemas. Eles estarão no mesmo lugar amanhã. Não precisamos que os mesmos velhos problemas se repitam dia após dia. Novos desafios se apresentam continuamente em nosso caminho e o efeito cumulativo de novos e velhos problemas pode ser esmagador. Sigmund Freud dizia que "Um homem com dor de dente não pode se apaixonar". Por quê? Porque ele passa todo o tempo pensando na dor de dente.

Livre-se de velhas pendências. Trabalhe nelas. Procure abordagens alternativas. Tome algumas decisões. Encontre soluções. Cuide delas para que você possa avançar rumo a novas oportunidades.

Entenda o valor dos furos. Os problemas são uma condição natural e inevitável para o crescimento. Todo crescimento gera problemas, mas nem todos os problemas geram crescimento. A diferença é a sua compreensão dessa realidade. Lloyd Ogilvie, em seu livro *If God Cares, Why Do I Still Have Problems*, sugere: "O grande problema que todos nós compartilhamos, em maior ou menor escala, é uma profunda incompreensão do propósito positivo dos problemas. Enquanto não nos engalfinharmos com esse problema gigantesco, seremos vítimas indefesas dos nossos problemas por toda a vida".

Os problemas são uma fonte de instrução, intuição e oportunidade. Quando aprendemos a examiná-los corretamente, o desafio de enfrentá-los nos mantém vivos, vibrantes e alertas. Os problemas estimulam o desenvolvimento mental e de nossos talentos, ao mesmo

> *A melhor maneira de comer o elefante que está no seu caminho é cortá-lo em pequenos pedaços.*
>
> PROVÉRBIO AFRICANO

tempo em que nos impulsionam para novos níveis de raciocínio e de ação. Reagir de forma tola, ressentindo-se dos problemas ou os evitando impedirá você de conhecer os benefícios que eles podem trazer.

Em seu livro *The Road Less Traveled*, o autor de *best-sellers* Scott Peck propõe a seguinte perspectiva com relação aos problemas: "É no processo de enfrentar e solucionar problemas que a vida passa a ter sentido. Os problemas são a lâmina que separa o sucesso do fracasso. Os problemas expõem nossa coragem e nossa sabedoria; na verdade, eles criam nossa coragem e nossa sabedoria. É graças aos problemas que crescemos mental e espiritualmente. É por meio da angústia de confrontar e solucionar problemas que aprendemos. Como disse Benjamin Franklin, "As coisas que machucam, instruem".

Procure, com mente aberta, pelo valor de cada desafio que você encontra. Todos os milagres da Bíblia começaram com um problema. Portanto, quando você se vir cercado pela água, num barco furado, aplique as sugestões que acabou de ler e não se esqueça, você é um candidato a um milagre.

NÃO SE DETENHA!

Eu percebo que, não importa o que digam, algumas pessoas sempre adotarão a atitude de Mark Twain, ao dizer, "Eu não gosto de trabalho nem mesmo quando é outra pessoa que o faz". Todavia, estou também convencido de que muitas estão interessadas em eliminar qualquer possibilidade de uma vida profissional vaga e indefinida. O fato puro e simples é que nós queremos mais do que um salário ou pagamento.

Eu posso apostar que existem muito poucas pessoas no mundo que se levantam pela manhã, tomam uma ducha, vestem-se, fazem um pequeno desjejum e anunciam, "Mal posso esperar para fazer hoje um trabalho realmente *ruim*".

Não obstante, pesquisas indicam que quase 85 por cento dos trabalhadores dos Estados Unidos afirmam que poderiam se dedicar mais ao próprios emprego, e aproximadamente a metade afirma que poderia ter uma eficiência duas vezes maior.

Um grande número de pessoas não está emocionalmente comprometida com a importância do que fazem. A culpa é freqüentemente atribuída ao emprego, mas isso é um absurdo. Para cada pessoa que

Existe uma diferença entre interesse e compromisso. Quando você está interessado em fazer alguma coisa, você a faz somente quando é conveniente. Quando você tem o compromisso de fazer alguma coisa, você não aceita desculpas, somente resultados.

KEN BLANCHARD

se queixa do emprego, existem várias outras dando tudo de si nessas experiências consideradas mundanas.

Em toda organização existem pessoas que sempre fazem menos do que mandam, outras que fazem o que as mandam fazer e nada mais, e algumas que farão coisas sem que ninguém tenha mandado. O que mais as organizações precisam é do grupo minoritário que, na verdade, inspire os outros a cumprirem suas tarefas. Essas são as pessoas que renovam constantemente o seu compromisso de dar o melhor de si.

O mundo tem pouco espaço para pessoas que aplicam seu tempo e trabalham com apatia, além de ser displicentes, superficiais e até mesmo indiferentes. Um grande prêmio por se destacar e conseguir realizar tarefas não parece provável. Os que não têm um compromisso com o trabalho são deixados para trás.

No mundo atual, as pessoas que não dão desculpas, que trabalham com entusiasmo, que investem sua capacidade apaixonadamente naquilo que fazem e aplicam ao máximo suas habilidades e talentos, estão maximizando seu potencial profissional.

O presidente Eisenhower, quando se pronunciou no National Press Club, iniciou seu discurso pedindo desculpas por não ser um grande orador. Ele comparou sua situação a uma experiência na adolescência, numa fazenda no Kansas.

Eisenhower contou: "Um velho fazendeiro possuía uma vaca que queríamos comprar. Nós fomos visitá-lo e perguntamos sobre o *pedigree* da vaca. O velho fazendeiro não sabia o que significava *pedigree*, por isso perguntamos a ele qual era a porcentagem de gordura do leite daquela vaca. Ele nos disse que não tinha a menor idéia. Finalmente, lhe perguntamos se ele sabia quantos litros de leite a vaca produzia anualmente. O fazendeiro sacudiu a cabeça e disse: "Eu não sei. Mas ela é uma vaca honesta e lhes entregará todo o leite que tem".

Eisenhower então concluiu seus comentários de abertura: "Bem, eu sou como a vaca: Eu vou lhes dar tudo o que tenho".

Esse é um compromisso puro e simples. Quando vier a vontade de "fazer de qualquer jeito" ou de não se empenhar ao máximo, pense no compromisso de Eisenhower. Dar tudo o que você tem torna o trabalho muito mais satisfatório. Essa é uma saída boa para o tédio, bem como para o *stress*, e é basicamente um presente que você dá a si mesmo.

O compromisso abre as portas da imaginação, e nos dá a capacidade de sonhar e o "material certo" para transformar os nossos sonhos em realidade.

JAMES WOMACK

DÊ O MELHOR DE SI ÀS QUESTÕES MAIS IMPORTANTES

✱

O tempo corre numa direção só e aparentemente de uma forma ordenada.

PATRICIA CORNWELL

RESERVE ALGUNS MINUTOS PARA PENSAR SOBRE O TEMPO

Bernard Benson comentou certa vez: "Eu gostaria de poder ficar numa esquina movimentada, chapéu na mão, pedindo que as pessoas me dessem todas as suas horas desperdiçadas". Existe uma boa chance de ele se tornar um homem rico, se tiver a oportunidade de realizar seu desejo. Eu duvido que exista algo que as pessoas desperdicem mais do que o tempo.

Michael Fortino, perito em administração do tempo, fez um estudo profundo intitulado "O Índice Fortino de Eficiência". Fortino descobriu que, no decurso de uma vida, os norte-americanos comuns gastam:

- Um ano procurando por objetos colocados no lugar errado;
- Oito meses abrindo correspondência inútil;
- Dois anos tentando retornar telefonemas de pessoas que parecem nunca estar;
- Cinco anos em filas (em bancos, cinemas, teatros, etc.).

Outras pesquisas realizadas por Tor Dahl, presidente do Conselho da World Confederation of Productivity Science, indicam que, em média, as empresas norte-americanas desperdiçam ou aplicam mal o tempo da seguinte forma:

- 23 por cento aguardando aprovação, material ou apoio;
- 20 por cento fazendo coisas que nem deveriam ser feitas;
- 15 por cento fazendo coisas que deveriam ser executadas por outra pessoa;
- 18 por cento fazendo coisas erradas e
- 16 por cento deixando de fazer as coisas certas.

Algum dos exemplos acima lhe parece familiar? Provavelmente você pode adicionar a essa lista algumas atividades diárias que lhe roubam tempo precioso. Ficando simplesmente consciente e alerta para evitar o desperdício de minutos e horas, você poderá conseguir uma nova perspectiva do tempo.

Minha intenção não é oferecer um remédio para todos os males da perda de tempo epidêmica. Estou interessado em oferecer uma série de antibióticos diferentes para que você possa escolher um para tratar dessa infecção. Embora a nossa falta de eficiência e eficácia possa ser retardada por um certo número de agentes externos infecciosos, nós somos os maiores responsáveis pela eliminação das causas e dos sintomas. O tempo é propriedade sua. Ninguém pode controlá-lo ou adaptá-lo para você. Você o controla. Você pode fazer alguma coisa. Sua vida lhe pertence e você pode escolher vivê-la exercendo um controle maior sobre o tempo e usando o tempo de maneira saudável.

Você pode estar contaminado pela falta de disciplina, pela indecisão ou, até mesmo, pela sua falta de organização. Pode ser que a causa da perda de tempo seja o hábito de sonhar acordado, a inaptidão para delegar tarefas, a incapacidade de dizer não ou a falta de prioridades. Qualquer que seja o caso, apresento a seguir uma pletora de idéias a ponderar. Dê atenção imediata àquelas que lhe causarem uma reação de reconhecimento.

1. Faça a pergunta certa. Antes de mais nada, quando se envolver em qualquer atividade que indique perda de tempo, pergunte a si mesmo: "É essa a melhor maneira de aplicar o meu tempo agora?" Então, aja de acordo com a resposta.

2. Planeje o trabalho de acordo com os horários em que você é mais produtivo. Reserve aquelas horas em que você é mais produtivo para fazer as tarefas que dão mais resultado e são mais importantes. O poeta alemão Goethe definia isso da seguinte maneira: "A chave para a vida é a concentração e a eliminação".

3. Defina quais são as suas prioridades. Você não pode fazer tudo. Listas muito ambiciosas de tarefas podem ser pouco realistas e contraproducentes. Faça escolhas. Separe as obrigações das coisas que você optou por fazer. Você ficará surpreso ao verificar que tem muito menos obrigações do que compromissos assumidos por vontade própria. Direcione suas energias para as atividades que são mais importantes para você.

Robert Eliot sugeria: "O importante não é avançar rapidamente, mas avançar no seu ritmo". Imagine que você tem apenas mais seis meses de vida e prepare três listas: uma para as coisas que você tem de fazer, outra para aquelas que você quer fazer e a terceira para aquelas que você não tem de fazer e não quer fazer. Então, para o resto de sua vida, esqueça todos os itens da terceira lista.

4. Procure obter mais resultados, não mais tarefas. A tarefas não são realizações. "Nenhum outro princípio de eficiência é violado tão constantemente nos dias de hoje quanto o princípio básico da concentração", disse Peter Drucker. "Nosso lema parece ser: 'vamos fazer um pouco de tudo'." Avalie sua eficiência pelo que você consegue, não pelo quanto você se ocupa.

5. Seja organizado. De acordo com o que Albert R. Karr escreveu no *Wall Street Journal*, "Os executivos desperdiçam quase seis semanas ao ano procurando por coisas colocadas nos lugares errados, conforme apurado em pesquisa realizada entre duzentos executivos de uma grande companhia, para a Accountemps, uma empresa de mão-de-obra temporária". Tenha um lugar para cada coisa e cada coisa em seu lugar.

6. Levante-se mais cedo. Levantando-se meia hora mais cedo todos os dias, você acrescenta três horas e meia de produtividade à sua semana. Multiplique esse número por 52 semanas e você terá um acréscimo de 180 horas para realizar suas prioridades. Eu tenho usado essas horas extras para escrever livros, planejar seminários e revitalizar-me espiritualmente lendo matérias inspiradoras ou dedicando tempo à oração.

7. Aprenda a dizer não. Pessoas ocupadas precisam simplesmente aprender a se recusar a atender a algumas exigências feitas com relação ao seu tempo. É natural não querer desapontar as pessoas. Algumas vezes não somos realistas quanto aos nossos limites. É fácil deixar-se levar pelo ego quando se trata de dizer não; a necessidade de se sentir necessário é um fator poderoso para influenciar nossa decisão. Você nunca se sentirá no controle da situação se estiver abocanhando mais do que pode mastigar.

8. **Mude sua atitude.** Sua atitude com relação a quanto você é ocupado, a quanto tempo você dispõe ou às exigências sobre sua vida pode sabotar qualquer esforço em obter o máximo do tempo que você tem. Seja flexível. Nem tudo correrá como o esperado. Quando seus planos esbarram em obstáculos irremovíveis, procure novas oportunidades.

9. **Pare de sonhar acordado.** Transforme meditação em ação.

10. **Faça as coisas corretamente na primeira vez.** Se você não tem tempo para fazer corretamente, quando terá tempo para refazer?

11. **Planeje com antecipação.** Por exemplo, prepare as roupas que você vai usar no dia seguinte antes de se deitar para dormir, compre antecipadamente presentes de aniversário ou comemorativos e reveja anotações de datas especiais e eventos trinta dias antes.

12. **Estabeleça prazos finais para você mesmo.** Não permita que projetos importantes ou secundários se arrastem indefinidamente. Desafie você mesmo a cumprir os prazos e cumpra-os.

13. **Esteja preparado para intervalos inesperados.** O tempo de espera em aeroportos, restaurantes, no trânsito, etc. pode servir perfeitamente para fazer pequenos projetos.

14. **Gerencie reuniões.** Utilize um horário específico como 9:13h ou 13:32h para iniciar as reuniões e estabeleça um horário predeterminado para suspendê-las. Continue trabalhando.

> *Não deixe para amanhã o que você pode fazer hoje, pois, se gostar de fazê-la hoje, você pode repeti-la amanhã.*
>
> JAMES A. MICHENER

15. Não adie para depois de amanhã o que você pode fazer hoje. Adiar é um hábito terrível e frustrante. Faça hoje.

O poeta e filósofo Goethe disse: "Nós sempre temos tempo suficiente se o usarmos corretamente". O tempo é uma mercadoria preciosa. Está disponível para todos nós em partes iguais para usarmos a nosso critério. O tempo é como um talento — ele não pode ser produzido em maior quantidade, porém, você pode extrair o máximo daquele que você tem. Para obter o máximo de cada dia, aprenda a saborear cada momento e aproveitar o máximo de cada hora. Agora é uma boa oportunidade para dedicar um minuto para avaliar como você gasta o seu tempo.

APRENDA A REPROGRAMAR SUAS PRIORIDADES

Note que o título não diz "priorize a sua programação". Em vez disso, decida como você quer gastar o seu tempo. Quais são os fatores mais importantes da sua vida e do seu trabalho? Estabeleça suas prioridades e atenha-se a elas. Incorpore-as à sua rotina.

A não ser que você viva de acordo com as suas prioridades, você nunca se sentirá equilibrado. Você sempre se sentirá importunado pela sensação de estar participando de uma corrida que não pode ganhar. A consciência das suas prioridades e o compromisso com elas melhoram o seu desempenho e produtividade. Com forças cada vez maiores puxando-nos em todas as direções, esse princípio é mais importante do que nunca.

Reserve tempo e energia suficientes para desfrutar as experiências, as pessoas e as atividades que são mais valiosas para você. Esse é o fundamento mais simples embora mais profundo para uma vida bem-sucedida. Todos os outros objetivos e estratégias se enquadram adequadamente quando você vive pelos valores que professa.

Não seja tentado ou levado por distrações. Pular de uma coisa para outra é o resultado de um compromisso indisciplinado com as

A razão pela qual a maioria dos principais objetivos não é atingida é o fato de gastarmos nosso tempo fazendo em primeiro lugar coisas de importância secundária.

ROBERT MCKAIN

prioridades. Você não tem recursos emocionais ou energia física suficientes para apoiar cada ideal que mereça a sua atenção.

A cada dia recebemos a dádiva de 24 horas — 1.440 minutos — 86.400 segundos. Somente a pessoa pode decidir como essa dádiva será usada. Todavia, a maneira como decidimos investir nosso tempo comunica aos outros os valores que esposamos. Você pode argumentar que isso não se aplica a você. Eu o desafiarei a ponderar sobre a seguinte pergunta: Você está satisfeito com a quantidade e com a qualidade do tempo que está dedicando às maiores prioridades da sua vida? Não responda imediatamente; reflita sobre o assunto por alguns dias.

Sempre que decidimos fazer alguma coisa, estamos optando por não dar atenção a outra coisa. A administração do tempo, ou da vida, consiste numa série de escolhas.

Minha fascinação pelo circo me levou a descobrir o segredo do domador de leões. Eu descobri que, além do chicote e da pistola presa ao seu cinto, o instrumento-chave do domador de leões é o banquinho de quatro pés. Ele segura o banquinho por trás e agita os quatro pés na frente da cabeça do leão. O leão parece tentar focalizar a atenção nos quatro pés ao mesmo tempo, o que sobrecarrega seus sentidos. O animal fica paralisado, manso e incapaz de reagir agressivamente. Isso parece familiar? Focalize. Focalize. Focalize.

Quais são as cinco prioridades pessoais mais importantes na sua vida? Quais são as suas cinco responsabilidades profissionais mais importantes? Agora avalie quanto tempo você tem dedicado a cada uma delas nos últimos seis meses. Essas horas e dias estão contribuindo para a qualidade de vida que você deseja?

Se tem dedicado tempo e energia suficientes a essas prioridades, você provavelmente tem a sensação de um certo grau de equilíbrio. A vida parece estar em sincronia. Se, por outro lado, essas prioridades são deixadas de lado, eu apostaria que existe uma sensação de vazio e de insatisfação.

Peço que você observe atentamente essa estratégia. Não estou sugerindo que você estabeleça uma escala diária de prioridades para todas as responsabilidades, atividades e acontecimentos. Em vez disso, com base nos seus propósitos, determine quais são as suas principais prioridades pessoais e profissionais. Agora anote-as em sua programação semanal. Assegure-se de que essas prioridades recebam sempre a maior parte da sua atenção.

Muitas pessoas não têm nenhuma dificuldade para relacionar suas prioridades. Poucas pessoas parecem conseguir dedicar tempo suficiente a elas. Nós temos boas intenções. Fazemos um grande esforço por algumas semanas, mas então tendemos a recair no hábito de permitir que nosso horário determine nossas prioridades, e logo a vida fica fora de sincronia.

Eu tenho uma estufa onde foram plantados 2.800 pés de tomate. Para nós, produzir tomates da mais alta qualidade exige uma manutenção considerável. Os pequenos brotos que nascem no pé da planta precisam ser podados, caso contrário, extrairão nutrientes do tronco principal. Podando-se os "sugadores", o restante da planta recebe nutrição adequada, produzindo frutos saborosos.

Nosso sistema de irrigação automática assegura a cada planta a umidade suficiente para mantê-la saudável. Sem água, as plantas mur-

> As coisas mais importantes nunca deverão estar à mercê das coisas de menor importância.
>
> JOHANN WOLFGANG VON GOETHE

chariam e morreriam. Nós temos técnicas e recursos nutricionais para sustentar cada planta.

Você também, corte fora os sugadores do seu tempo. Deixe-os ir. Alimente as prioridades que produzem frutos. Dê-lhes toda a atenção e comemore os resultados.

Donald Rumsfeld sugeriu: "Controle o seu próprio tempo. Não deixe que os outros façam isso por você. Se você está trabalhando na caixa de entrada que abastecem para você, provavelmente está se dedicando às prioridades dos outros". Ponha hoje em ação um plano que lhe permita escolher como a preciosa dádiva do tempo deverá ser aplicada.

EU SEI QUE VOCÊ ESTÁ OCUPADO; MAS DO QUE ESTÁ CONSEGUINDO DAR CONTA?

Nosso curso de espanhol da escola secundária vendeu doces para levantar fundos para uma viagem ao México. O professor lembrou cada estudante do quanto era importante que entrassem em contato com o maior número de pessoas possível para a venda dos doces.

— Temos dez dias para arrecadar esse dinheiro — instruiu o professor. — Eu quero saber, ao cabo desses dez dias, quantos contatos vocês fizeram. Boa sorte.

Enquanto os estudantes traziam os pedidos, uma garota gabava-se do seu sucesso. — Bem, conte-me sobre isso — o professor encorajou-a.

— Eu visitei 74 casas, de porta em porta, numa só noite. Comecei logo após as aulas e não parei sequer para jantar. Eu poderia fazer mais, mas um casal me interrompeu porque queria comprar.

Neste nosso mundo de ritmo acelerado é fácil ser apanhado em uma atividade febril. Observe as pessoas ao seu redor. Algumas estão correndo daqui e dali, indo a uma reunião após a outra, tentando se concentrar em diversas atividades ou projetos ao mesmo tempo, escrevendo relatórios, falando ao telefone, comendo pelo caminho e realizando muito pouco.

Não me diga o quanto você trabalha duro. Diga-me o quanto você consegue fazer.

JAMES J. LING

O mundo não se importa, goste você ou não, com o quanto você está ocupado. O mundo não o recompensa pela sua esperteza, pelas suas boas intenções ou pelos sonhos que você espera alcançar.

O que tem importância são os resultados, o que você fez efetivamente. Nós sempre nos damos tapinhas nas costas, elogiando-nos por correr no mesmo lugar, ainda que a reta de chegada esteja tão longe no fim do dia quanto estava no começo. As pessoas que terminam o que fazem ganharão mais do que um tapinha de congratulação nas suas costas.

Para transformar alguém que perde tempo com indecisões no decorrer do dia em alguém que contribui para obter resultados, é preciso uma avaliação da atividade atual. Henry Ford disse "O número de tarefas inúteis executadas diariamente por milhares de pessoas é espantoso". A lista que fez dessas tarefas inclui:

- Elas telefonam demais;
- Fazem visitas demais e se demoram demais em cada visita;
- Escrevem cartas que são três vezes mais longas do que o necessário;
- Trabalham em coisas de menos importância, negligenciando o principal;
- Lêem coisas que não as informam nem as inspiram.
- Divertem-se demais, com demasiada freqüência.
- Passam horas com pessoas que não representam nenhum estímulo.
- Lêem todas as circulares de propaganda.
- Param para explicar por que fizeram o que fizeram, quando deveriam estar trabalhando na tarefa seguinte.

- Correm para o cinema quando deveriam estar chegando no curso noturno.
- Sonham acordadas no trabalho, quando deveriam estar planejando seu futuro.
- Despendem tempo e energia em coisas sem importância.

Um homem não se demora muito naquilo que ele já fez. Ele tem de continuar produzindo à medida que avança.

CARL HUBBELL

Isso parece um pouco exagerado? Não é provável que alguém consiga atender a esses padrões todo santo dia. Todavia, eles são diretrizes valiosas quando somos apanhados na armadilha da atividade febril. Ninguém se sente produtivo todos os dias. Porém, um pouco mais de concentração pode resultar numa realização substancial.

Esqueça as desculpas, a falta de disposição, as dores e os sofrimentos e a obsessão em estar sempre ocupado. Faça tudo o que você sabe que tem de fazer para conseguir os resultados que quer, e torne-se a pessoa que você deseja ser.

APROVEITE O SEU TALENTO

✸

Se um homem tem talento e não pode usá-lo, ele fracassou. Se ele tem um talento e o usa apenas pela metade, ele fracassou parcialmente. Se ele tem um talento e aprendeu a usá-lo por completo, ele foi gloriosamente bem-sucedido e obteve uma satisfação e um triunfo que poucos homens e mulheres conheceram.

THOMAS WOLFE

CONCENTRE A ATENÇÃO NAQUILO QUE VOCÊ FAZ MELHOR

O representante de uma agência de publicidade precisava apresentar uma campanha que incrementasse as vendas de uma marca popular de sabão em pó. O produto havia desfrutado da aprovação dos consumidores por muitos anos. O que mais poderia ser dito que já não tivesse sido constatado pelos próprios consumidores?

Certo dia, ele despejou sobre o tampo de sua mesa o conteúdo de uma caixa daquele sabão, esperando descobrir alguma coisa que despertasse sua criatividade. De repente, ele percebeu que o sabão estava cheio de pequenos cristais azuis. Imediatamente ele entrou em contato com o fabricante para descobrir o que eram aqueles cristais azuis. O que ele aprendeu suscitou uma campanha muito bem-sucedida, que aumentou significativamente o volume de vendas do produto. Os cristais azuis eram componentes superbranqueadores, os agentes clareadores que tornavam o sabão tão eficaz.

Talvez você já tenha visto o anúncio de lançamento: "Experimente Tide — Com Os Novos Cristais Azuis". Embora os cristais estivessem lá há muito tempo, o sabão Tide só ganhou reconhecimento

Talento sem disciplina é como um polvo de patins. Há muito movimento, mas você nunca sabe se será para a frente, para trás ou para os lados.

H. JACKSON BROWN

pelo seu poder de limpeza quando o objetivo e a eficácia desses agentes foram divulgados.

Eu trabalho todos os dias com pessoas que se parecem com o sabão Tide. Elas têm dentro de si um elemento importante cujo valor ímpar não tem sido demonstrado. Elas são boas no que fazem, mas se algum dia perceberem as habilidades latentes que aguardam ser descobertas, farão conquistas significativas. Existem dons aguardando para ser descobertos e usados.

Conquista-se a excelência quando dons são descobertos, ativados e continuamente aplicados. De que outra forma podemos explicar as repetidas conquistas no basquetebol do grande Michael Jordan, do famoso intérprete de música *country* Garth Brooks, do astro do beisebol Mark McGwire, do autor de *best-sellers* Tom Clancy, do ator Robin Williams ou de Julia Roberts, do astro do golfe Jack Nicklaus, da entrevistadora Oprah Winfrey ou de um anfitrião de outras pessoas bem-sucedidas de menor renome? Aqueles que fazem conquistas aprenderam a identificar, a apreciar e a desenvolver seus talentos procurando oportunidades para aplicá-los. Seus esforços estão concentrados em praticar, desfrutar e apurar os dons que descobrem.

O que isso significa para pessoas comuns como nós? Todas as pessoas nascem com a mesma capacidade de se tornar diferentes. Embora não nasçamos nas mesmas circunstâncias, cada um de nós tem a capacidade de se destacar em alguma área da vida. Um dos elementos básicos do sucesso é ser bom naquilo que se faz. Você só será bom no que faz se aprimorar suas habilidades e aperfeiçoar suas atitudes. Domine os talentos que você tem. Tenha sempre em mente a imagem do que você "será", não do que "tem sido".

No dia 18 de abril de 1995, uma terça-feira, os fãs do esporte nos Estados Unidos deveriam estar um pouco tristes ao ver o *superstar* Joe Montana deixar o futebol americano profissional depois de dezesseis temporadas. Vinte mil fãs reuniram-se na cidade de San Francisco para as cerimônias de despedida.

Locutores esportivos, treinadores e jogadores apresentaram seus cumprimentos a um dos maiores zagueiros da liga. Todavia, isso não foi sempre assim. Quando Joe Montana foi finalmente recrutado do Notre Dame, os fãs do San Francisco não estavam nada impressionados. Montana era alvo de comentários nem um pouco lisonjeiros.

Em resposta àqueles que o criticavam, Joe Montana entrou para a liga e logo começou a fazer arremessos perfeitos. Ele chegou a redefinir algumas jogadas. Como resposta àqueles que disseram que Joe era muito fraco e magro para jogar com as grandes ligas, ele superou várias contusões, temporada após temporada. Então, ele simplesmente prosseguiu e chegou a liderar o 49°ers de quatro Super Bowls e os ajudou a se tornar um temido líder na década de 1980.

Joe Montana nunca será considerado um "tenho sido" graças ao seu compromisso de ser o que ele "poderia ser". Ele inicialmente impressionou muito poucas pessoas, mas a sua firme determinação em focalizar aquilo que ele poderia fazer de melhor o colocou nos livros de recordes e lhe rendeu o respeito dos fãs.

Johann Wolfgang von Goethe disse certa vez: "O homem que nasce com um talento que ele está predestinado a usar encontra sua maior felicidade ao usá-lo". Para poder alcançar a felicidade e o su-

> *Identifique o que o está impedindo de ser grande. Então vá e trabalhe para transformar suas fraquezas em forças*
>
> TERRY BRADSHAW

cesso na vida profissional, encontre esse talento que lhe traz alegria e satisfação.

Pode-se dizer que a pessoa de alto desempenho é aquela que explora o limite máximo de suas habilidades.

Obrigue-se a desenvolver seu talento além de qualquer nível que você possa ter alcançado no passado.

A REALIZAÇÃO NÃO TEM LINHA DE CHEGADA

As pessoas que fizeram conquistas demonstram uma dedicação à ação que expande continuamente o seu potencial e aumenta o seu valor. "Nosso negócio na vida", diz Steward Johnson, "não é chegar na frente dos outros, mas chegar na frente de nós mesmos — quebrar nossos próprios recordes, ultrapassar o nosso ontem com o nosso hoje." Esse estilo de vida requer um compromisso além daquele que muitas pessoas estão dispostas a assumir.

John Wesley consagrou 64 anos de sua vida à rara tarefa de fazer conquistas para Deus. Ele não estava interessado em ser um pregador melhor do que os outros — seu interesse era simplesmente ser o melhor que podia ser.

Wesley pregou 42.400 sermões, em média quinze sermões por semana em 54 anos. Ele viajou 180.000 quilômetros (aproximadamente vinte voltas ao redor do globo) a pé ou a cavalo. Não existiam jatos que pudessem fazê-lo percorrer rapidamente essas milhas. As viagens, juntamente com sua programação de palestras, constituíam um verdadeiro teste de resistência. Ele era um escritor prolífico. As obras de Wesley, incluindo traduções, estão reunidas em mais de du-

Aqueles que apresentam um alto desempenho não vêem a realização como um estado fixo. Uma das suas características mais sedutoras é um talento contagiante para seguir rumo ao futuro, criando novos desafios, vivendo com a sensação de trabalho a fazer.

CHARLES GARFIELD

zentos volumes. Quando John Wesley morreu, aos 88 anos de idade, dizem que ele deixou um casaco velho, um chapéu gasto, um chalé humilde, uma Bíblia amarfanhada pelo uso e a Igreja Metodista.

Wesley nunca considerou a si mesmo como se "tivesse cruzado a linha de chegada". Novos sermões, pessoas espiritualmente sedentas, visão inspirada e o impulso interior de servir tomavam toda a sua energia. Embora o resumo da sua própria vida possa parecer minúsculo quando comparado com o de John Wesley, o que você pode fazer é conseguir hoje um pouco mais do que conseguiu ontem. Trabalhe amanhã de forma a exceder suas expectativas de ontem.

As realizações pessoais não têm linha de chegada. À medida que as metas forem sendo atingidas, encorajando-o a prosseguir, não caia na tentação de pôr a sua vida em ponto morto. Mediocridade, tédio e padrões pouco inspiradores acabarão por se infiltrar na sua vida e a contaminarão. O antídoto para esses males é voltar os olhos para novos cumes, desafios e oportunidades. Siga em frente.

Estabeleça critérios mais elevados para as suas realizações do que qualquer pessoa à sua volta. Desafie a si mesmo a conseguir níveis superiores de desempenho. Você nunca fará tudo o que pode fazer, a não ser que se proponha a fazer mais do que possivelmente pode fazer. Esse é um passo decisivo para o aperfeiçoamento progressivo que impulsionará seus avanços e incrementará resultados. A pressão que você faz sobre si mesmo o manterá animado, cheio de energia e ansioso por atingir níveis mais elevados de desempenho.

Thomas Edison disse certa vez: "Três grandes fatores essenciais para se conseguir qualquer coisa que valha a pena conseguir são: primeiro, trabalho duro; segundo, persistência; terceiro, bom senso". Acho que abordei adequadamente o trabalho duro, belissimamente resumido por James Allen, quando diz: "Aquele que realiza pouco precisa sacrificar pouco, aquele que realiza muito precisa sacrificar muito".

O que dizer sobre a persistência? George Bernard Shaw esperou nove longos anos até conseguir publicar qualquer trabalho seu. Os editores devolviam continuamente qualquer coisa que ele lhes submetia. Sem se intimidar com a rejeição, Shaw continuou persistentemente trabalhando, escrevendo, submetendo seus textos a análise, acreditando e esperando. Ele também foi melhorando seu estilo e finalmente conseguiu ter algo publicado.

Zig Ziglar, comentando o que se passou com Shaw, fez a seguinte observação: "Diversos fatores são importantes... Shaw acreditava que tinha capacidade. Ele persistiu pacientemente aperfeiçoando suas habilidades e insistindo com os editores até que finalmente alguém disse sim. Essa é uma boa linha de ação para se adotar. Se você realmente acredita no que está fazendo e está confiante quanto ao seu significado, você persiste até que ocorra alguma coisa positiva, sabendo que as horas que precedem a aurora são sempre as mais escuras".

É fácil se entusiasmar com um sonho ou com um objetivo por um curto período de tempo. O entusiasmo frente à adversidade, à rejeição ou ao fracasso é o estofo de que são feitos os conquistadores. Estudos indicam que a única qualidade sempre presente em todas as pessoas bem-sucedidas é a persistência. Joyce Brothers define as pessoas bem-sucedidas como aquelas "dispostas a dedicar mais tempo realizando uma tarefa e perseverando diante de muitas dificuldades.

Existe uma relação muito positiva entre a capacidade de uma pessoa executar uma tarefa e o tempo que ela está disposta a dedicar a ela". A força para prosseguir apesar de tudo, a força para suportar — essa é a qualidade das pessoas empreendedoras. A persistência é a capacidade de enfrentar a derrota, os desafios e os desapontamentos uma vez após outra, sem desistir — continuar se esforçando, sabendo que você pode realizar seus sonhos ou pelo menos parte deles. Estar disposto a enfrentar tudo para superar qualquer obstáculo, e fazer tudo o que for necessário para isso.

Os arrependimentos mais marcantes da minha vida são aquelas vezes em que desisti cedo demais. A crença de que me faltava confiança, energia ou talento me fez desistir sem completar a execução de um plano. Desde então compreendi que qualquer realização que valha o esforço requer que eu faça a parte mais difícil em primeiro lugar, sabendo que a satisfação ou a recompensa podem estar logo adiante. Mesmo naquelas ocasiões em que as desvantagens se assomavam diante de mim, eu aprendi a superá-las, sem nunca deixar de empreender os melhores esforços de que sou capaz.

Agüente firme! Faça da persistência a sua aliada.

Eu hesito em abordar a recomendação de Edison sobre o bom senso, já que não acredito que isso possa ser ensinado. O bom senso só é adquirido por meio das lições práticas aprendidas no dia-a-dia. Pessoas que amealham informações tiradas de sua experiência de vida e são capazes de aplicar essas lições na primeira vez em que se encontram em situações semelhantes, aperfeiçoam seus sentidos quanto ao que funciona e ao que não funciona.

Meu conselho é prosseguir atentamente pelo caminho que leva aos seus objetivos definitivos. A pressa, a busca descuidada, que ignora os sinais de alerta e de advertência e os desvios ilógicos, raramente dão resultado. Mantenha o curso. Tome decisões com base nas experiências por que passou.

As realizações podem não ter uma linha de chegada, mas aqueles que as fazem cruzam a linha da recompensa a curto prazo, para atingir um estilo de vida cheio de desafios e gratificações. Todos os dias revitalizam seu espírito e mergulham de cabeça em novas aventuras.

CAVE UM POUCO MAIS FUNDO

> *Poucas pessoas durante a vida chegam ao ponto de quase esgotar os recursos que têm dentro de si. Existem poços profundos que contêm forças que nunca são usadas.*
>
> CONTRA-ALMIRANTE RICHARD BYRD

Foi na época da Grande Depressão. O lugar era uma fazenda de criação de ovelhas no Texas. O proprietário, o sr. Yates, enfrentava sérias dificuldades e estava à beira da falência. Foi então que uma companhia de petróleo, supondo que poderia haver petróleo em suas terras, pediu permissão para perfurar o terreno.

Desesperado, e achando que não tinha nada a perder, o sr. Yates concordou. Pouco tempo depois os perfuradores encontraram, um pouco abaixo da superfície, o maior depósito de petróleo descoberto naquela época no continente norte-americano. Da noite para o dia as dificuldades financeiras do sr. Yates desapareceram. Ele ficou bilionário.

O curioso nesse relato é que a fortuna encoberta estivera ali o tempo todo. Ele simplesmente não havia percebido isso.

Agora, vamos levar adiante esse exemplo ilustrativo. Alfred Armand Montapert, em seu livro *The Superior Philosophy of Man*, apresentou uma idéia que complementa essa. Ele escreveu: "No Texas, anos atrás, quase todo o petróleo era extraído em operações de superfície. Alguém teve então a idéia de que deveria haver depósitos maiores em áreas mais profundas. Perfurou-se um poço de 5 mil pés de profundidade. O resultado? O petróleo jorrou. Muitos de nós operamos na superfície. Nós nunca sondamos em profundidade suficiente para encontrar recursos supernaturais. O resultado é que nunca aproveitamos todos os nossos recursos. Sondagens mais profundas exigem mais tempo e investimento, mas compensarão o esforço".

Até que ponto você foi fundo? Há quanto tempo tem sido dependente de aptidões e talentos superficiais? Você usa o seu suprimento interior de energia e potencial? Você está satisfeito em fazer poucas conquistas na vida em vez de comprometer-se a desenvolver o máximo do seu potencial? Você se conformou com a vida que leva, fazendo as mesmas coisas, da mesma maneira, com as mesmas pessoas, todos os dias? Em outras palavras, você pretende melhorar ou acha que está bem do jeito que está?

As pessoas bem-sucedidas e as que são malsucedidas em seus empreendimentos não apresentam variações significativas naquilo que são capazes de fazer. No entanto, existe um abismo entre as pessoas bem-sucedidas e as malsucedidas no que tange ao seu desejo e à disposição de alcançar seu potencial. Brian Tracy acredita que: "A sua combinação notável e incomum de educação, experiência, conhecimento, problemas, sucessos, dificuldades e desafios, e sua maneira de ver e de reagir à vida, tornam você uma pessoa extraordinária. Você tem dentro de si competência e atributos que podem torná-lo capaz de conseguir praticamente qualquer coisa que queira na vida. Sua ocupação principal é decidir qual dos seus talentos você irá explorar e desenvolver para aplicá-lo da melhor maneira possível neste momento".

TÁTICAS PARA IR MAIS FUNDO

1. Pense alto. Og Mandino observou: "Suas únicas limitações são aquelas que você estabelece em sua mente, ou deixa que os outros as estabeleçam para você". Norman Vincent Peale acreditava que: "Você é maior do que pensa que é".

Sondar profundamente seu potencial oculto significa expandir seus limites mentais. Se você continua arando ao redor do que parecem ser obstáculos mentais, você nunca descobrirá a riqueza potencial que existe sob a superfície. Pense além dos condicionamentos atuais. Você precisa aprender a ver o que não é imediatamente evidente. Não limite suas aptidões pelo que você vê atualmente. Vá mais fundo até atingir níveis mais profundos. O que você descobrir definirá o que será realizado. Cada vez que você se decide a pôr as limitações de lado, sua capacidade de crescer e seu desempenho se expandem notavelmente.

O estudioso da Bíblia C. I. Scofield refletia sobre uma visita que fizera a um hospital psiquiátrico em Staunton, na Virginia. O guia apontou para um homem jovem, de constituição vigorosa, que parecia ser a imagem da saúde.

Scofield perguntou: — Aquele homem não seria difícil de dominar se de repente ficasse violento?

— Seria — respondeu o guia —, mas ele não sabe a força que tem. O problema dele é achar que não tem força! Ele sempre pede remédios e se queixa de sua fraqueza.

A pessoa que você julga ser é a pessoa que você será.

2. Tenha um desempenho melhor. Meus amigos que apreciam a caça me dizem que há muito para aprender com os patos. Existem dois tipos de patos: os patos dos charcos e os mergulhadores. Os patos dos charcos têm prazer em chapinhar à beira das lagoas, dos pântanos e dos lagos. Eles se alimentam em águas rasas e comem apenas aquilo que conseguem apanhar na superfície. Já os patos mergulhadores são capazes de mergulhar em profundidades incríveis para se alimentar das plantas que vivem no fundo dos lagos. Alguns patos mergulhadores chegam a atingir 150 pés de profundidade para se alimentar.

A conversa com meus amigos caçadores sobre patos de charcos e patos mergulhadores inspirou-me a fazer uma analogia direta com os tipos diferentes de pessoas. Existem pessoas que estão sempre satisfeitas com as experiências, as conquistas e as recompensas encontradas nas tarefas fáceis e que se contentam em ser eficientes no que fazem. As pessoas "mergulhadoras" adoram uma aventura. Elas procuram por oportunidades ousadas para testar seus limites e buscam situações que não apenas exigirão todo o seu potencial mas o aumentarão.

Parece simples, não é mesmo? Tornar-se o melhor que você pode ser significa elevar continuamente o nível do seu desempenho. Em vez de trabalhar dentro dos limites restritos de uma zona confortável, é necessário um esforço concentrado para se elevar acima do seu patamar de desempenho. Exija mais de si mesmo. Empenhe-se para obter um desempenho além das mínimas e óbvias expectativas.

O que você faz melhor atualmente? Com que freqüência você faz isso? Você está melhorando o seu desempenho? Como você poderia exigir mais de si mesmo? Até que ponto você está explorando suas profundezas interiores para descobrir e usar novos recursos pessoais recém-encontrados?

3. Prepare-se para ir mais fundo. O psicólogo Abraham Maslow defendeu a idéia de que a saúde mental perfeita tem sete requisitos: (1) Assuma a responsabilidade pelos seus próprios sentimentos, incluindo a sua felicidade; (2) Não se dê ao luxo de culpar os outros pelas suas deficiências, desapontamentos e sofrimento; (3) Encare as conseqüências, até mesmo quando as coisas que você tenta fazer e os riscos que você assume trazem os piores resultados possíveis; (4) Empenhe-se em descobrir todos os recursos ocultos que estão ao seu alcance, ainda que a descoberta por si mesma seja às vezes difícil e árdua; (5) Aja de acordo com os seus próprios sentimentos, e não fique na dependência da aprovação dos outros — mesmo que isso às vezes signifique entrar em conflito com aqueles que são importantes para você; (6) Assuma responsabilidade por deixar de lado o seu próprio negativismo, livrando você mesmo e as outras pessoas de embaraços; e (7) Seja indulgente e tenha compaixão por si mesmo e pelas outras pessoas, reconhecendo que ter compaixão é um processo extremamente benéfico.

Os pré-requisitos para a saúde mental estabelecidos por Maslow preparam você para ter um ótimo desempenho. Eles eliminam limites e desculpas, dando-lhe a chance de aumentar as suas possibilidades.

Não importa como você defina o sucesso, do quanto esteja orgulhoso do seu poder de realização, você descobriu apenas uma porção mínima de tudo o que é capaz de fazer. Você apenas arranhou a superfície e tem o dever de ir um pouco mais fundo. Você pode conseguir um nível superior de sucesso. Você certamente não precisa se satisfazer com o modo como as coisas são. Existe mais em você do que você já conseguiu conquistar.

Procure, planeje, espere e tome providências para criar uma experiência reveladora. "Saber não é suficiente, precisamos aplicar. Querer não é suficiente, precisamos fazer", escreveu o filósofo alemão Goethe. Muito poucas pessoas dedicam-se aos seus sonhos, objetivos e ambições e, portanto, restringem o sucesso que poderiam conseguir. Quanto mais táticas de sondagem você puser em prática, mais resultados você terá.

No auge do sucesso, a atriz Barbara Streisand decidiu produzir e dirigir o filme *Yentl*. "Para que fazer uma coisa dessas!?", lhe perguntaram os amigos. "Não tem nada a ver com o desejo de ser famosa ou de ganhar dinheiro", ela respondeu. "Eu já tenho tudo isso. Eu fiz o filme porque uma noite sonhei que havia morrido e Deus me revelou meu verdadeiro potencial. Ele me falou sobre todas as coisas que eu poderia ter feito, mas não fiz porque tive medo. Essa é a razão que me fez produzir *Yentl*, ainda que isso me custasse tudo o que eu tinha."

Streisand decidiu ir um pouco mais fundo. Assim como você também pode.

> *Aquele que aprendeu a voar, um dia teve que primeiro aprender a ficar de pé, a andar, a correr, a galgar e depois a dançar; ninguém consegue sair por aí voando.*
>
> FRIEDRICH W. NIETZSCHE

A ÂNCORA DA ATITUDE

✸

O verdadeiro otimismo está ciente dos problemas, mas reconhece as soluções, tem conhecimento das dificuldades, porém acredita que elas possam ser superadas, vê os fatores negativos, mas enfatiza os positivos, está pronto para o pior mas espera pelo melhor; tem motivos para se queixar, mas prefere sorrir.

WILLIAM ARTHUR WARD

FAÇA DE CADA MOMENTO UMA *HAPPY HOUR*

Você já esteve perto de pessoas que são sócias do clube A-Vida-Não-É-Horrível? É uma alegria tão grande associar-se a elas! Suas conversas consistem em queixas sobre como é cruel o mundo em que vivemos, em comentários sobre as falhas dos outros, em como não lhes dão valor e em histórias de injustiças que sofreram. Sabe-se até que os membros desse clube deixam o trabalho ao final do dia e reúnem-se para um *happy hour*, das cinco às sete da noite, para lamentar o quanto são infelizes.

Existe apenas uma coisa pior do que estar próximo a pessoas assim — é ser uma dessas pessoas.

"A atitude é a primeira qualidade que diferencia o homem de sucesso", afirmou Lowell Peacock. "Se ele tem uma atitude positiva e pensa de forma positiva, além de apreciar desafios e situações difíceis, ele já assegurou metade do seu sucesso." Sua atitude, o modo como você vê o mundo, determinam a sua maneira de viver, e suas ações determinam suas realizações. Numa definição simples, a pessoa que você é hoje é o resultado da sua atitude.

> *A força de um vencedor não está em ter nascido bem-dotado, num alto Q.I. ou no talento. A força de um vencedor está toda na atitude, não na aptidão. A atitude é o critério para o sucesso.*
>
> DENIS WAITLEY

No seu livro *The Winning Attitude*, o escritor e orador John C. Maxwell diz que a atitude:

- é a "sentinela" do nosso eu verdadeiro
- tem raízes interiores, mas frutos exteriores
- é a nossa melhor amiga e a nossa pior inimiga
- é mais honesta e mais firme do que nossas palavras
- é um olhar para o exterior com base em experiências passadas
- é algo que atrai para nós as pessoas ou as repele
- nunca se contenta até ser expressada
- é a bibliotecária do nosso passado
- é quem fala do nosso presente
- é o profeta do nosso futuro

A atitude pode não ser a única variável que determina o nosso grau de sucesso, mas certamente é uma das mais fundamentais. Um dos fatores mais significativos que afetam a sua vida é a sua expectativa da vida. Norman Vincent Peale pregava, "A pessoa que irradia pensamentos positivos ativa positivamente o mundo ao seu redor e atrai resultados positivos para si mesma".

Você pode aprender a ser mais positivo. Não há necessidade de desanimar e se deixar abater pelo hábito infeliz de sempre ver o lado negro da vida. Se você está interessado em fazer de cada momento um momento feliz, esteja certo de que existe apenas uma pessoa capaz disso.

Comece por bloquear seu negativismo. Dê um basta a si mesmo quando começar a se queixar, a gemer ou a se lastimar. Condicione-se a procurar sempre pelo lado mais positivo de cada situação. Fuja das pessoas negativas, que esgotam as suas energias. Seja amigo dos colegas que encorajam os outros e demonstre um sentimento de gratidão. Concentre-se no presente. Esqueça fracassos passados. Acalme sua ansiedade com relação ao futuro esperando o melhor do dia de hoje.

Antes que você possa conseguir a vida que deseja, você precisa pensar, agir, andar, falar e comportar-se de maneira a exemplificar quem você deseja ser. Não espere uma transformação imediata. Seja paciente consigo mesmo. Mudanças de estilos de vida levam tempo, mas o resultado vale o esforço e a espera.

FAÇA O QUE VOCÊ GOSTA E O SUCESSO SERÁ MERA CONSEQÜÊNCIA

O talento para o sucesso nada mais é do que fazer o que você sabe fazer bem; e fazer bem o que quer que seja, sem pensar na fama.

HENRY WADSWORTH LONGFELLOW

Tenho tido a oportunidade de encontrar e observar algumas pessoas que alcançaram o sucesso silenciosamente, sem fanfarra, fama ou o reconhecimento de um fã-clube. Ao observar o comportamento diário dessas pessoas, fica patente que o sucesso é o resultado do processo contínuo de se tornarem quem elas já eram e de gostarem do que fazem. Sem pretensões, sem comportamentos estravagantes, sem fachadas; simplesmente uma revelação do seu caráter verdadeiro.

Uma característica fundamental das pessoas bem-sucedidas é a capacidade de descobrir o que elas sabem fazer bem e de fazer isso com paixão, sem se preocupar se estão ou não sendo notadas. Curtis Carlson recomenda: "Você precisa escutar o coração. Você não pode ser bem-sucedido se não está feliz com o que está fazendo". Aqui, a chave está em dedicar-se a algo em que você aproveita as capacidades que Deus lhe deu. Não posso imaginar nada pior do que tentar me motivar para um cargo ou atividade que não faça jus aos meus talentos.

Michael Korda disse: "Suas chances de sucesso são diretamente proporcionais à dose de prazer que você tem com aquilo que faz. Se você está num emprego que odeia, encare o fato de frente e peça demissão". Como diz o velho ditado inglês, "se o cavalo está morto, desmonte". Eu não posso imaginar que seja possível ir além de onde você está, sem assegurar-se primeiro de que você está onde você quer.

Antes de pedir demissão, no entanto, pense nisto. Se você tem um emprego que não o estimula, não o satisfaz e não o entusiasma, talvez exista uma solução simples. O que acha de mudar de atitude quanto ao seu emprego? Talvez você não precise desmontar do cavalo. Se mudasse sua maneira de encarar sua vida, isso talvez pudesse acender em você uma nova chama.

Whit Hobbs escreveu: "Sucesso é acordar pela manhã, seja você quem for, e onde quer que esteja, seja você um ancião ou um garoto, e pular fora da cama porque existe algo lá fora que você adora fazer, algo em que você acredita, algo em que você é bom — algo que é maior que você e que você mal pode esperar a hora de fazer novamente".

Encarando tudo o que você faz com essa atitude confiante, o resultado certamente será um sucesso.

Carreira é uma palavra muito pomposa. Era um emprego, e eu sempre me senti privilegiada por ser paga pelo que estou fazendo.

BARBARA STANWYCK

PRINCÍPIOS QUE NORTEIAM A VIDA PROFISSIONAL

> *Você paga um preço para ficar mais forte. Você paga um preço para ser mais rápido. Você paga um preço para pular mais alto. (Mas também) você paga um preço para ficar onde está.*
>
> H. JACKSON BROWN
> *Life's Little Instruction Book*

Se você tivesse que deixar seu emprego hoje, qual o legado que você deixaria? Santo Agostinho disse certa vez que a maturidade começa quando uma pessoa faz a si mesma a seguinte pergunta: "Pelo que eu gostaria de ser lembrado?" A sua maturidade já começou? Você tem idéia do impacto que você está causando nas pessoas ao seu redor? Existem certos traços de caráter, atitudes ou idiossincrasias que farão com que as pessoas pensem imediatamente em você?

Um escritor desconhecido afirmou certa vez: "Os métodos são muitos; os princípios são poucos. Os métodos sempre mudam; os princípios nunca mudam". Princípios são assuntos do coração. É difícil transmitir por escrito a emoção que essas forças motivadoras suscitam. Não obstante, eis os princípios que têm guiado, norteado e orientado a minha vida nos últimos vinte anos.

1. Minha atitude com relação à vida determinará a minha qualidade de vida. As circunstâncias raramente determinam o meu desempenho, porém, minha compreensão dos acontecimentos tem influenciado sensivelmente minha capacidade de lidar com eles. A meu ver, existem duas maneiras de abordar a vida. Uma é alterar as circunstâncias, a outra é mudar a si mesmo para enfrentá-las. O que importa realmente não é a maneira como as coisas são, mas a maneira como você acha que as coisas são, e a maneira como você decide reagir. John Maxwell está convencido do seguinte: "O que eu acredito com relação à vida determina a maneira como eu vejo a vida; e isso, por sua vez, determina o que eu recebo da vida".

A maneira como você encara os acontecimentos da vida e reage a eles determinará o impacto que eles causarão em você. Todo incidente é meramente um acontecimento aguardando que você forme uma opinião sobre ele. A atitude que eu demonstro na vida é um reflexo das minhas convicções, suposições e valores. "Você e eu não vemos as coisas como elas são", diz Herb Cohen. "Nós vemos as coisas como nós somos."

Isso é mais do que pensamento positivo. É um processo de formação de uma decisão consciente sobre como você sustentará e como interpretará uma determinada situação.

2. Existe uma diferença mínima entre sucesso e fracasso. O sucesso começa por dentro. O lendário Michael Jordan da NBA disse, "O coração é o que separa o bom do ótimo". O jornalista Walter Cronkite declarou: "Não consigo imaginar uma pessoa tornando-se um sucesso sem dar tudo que tem a esse jogo da vida".

O falecido Billy Martin era um dirigente controvertido do New York Yankees, que impôs padrões não-negociáveis aos seus jogadores. Ele disse aos jogadores em termos bastante firmes: "Se vocês jogam para mim, vocês jogam a partida como jogam o jogo da vida. Vocês jogam para ter sucesso, vocês jogam com dignidade, vocês jogam com orgulho, vocês jogam agressivamente e jogam tão bem quanto é possível jogar".

Vocês estão compreendendo? Pessoas bem-sucedidas fazem um pouco mais, posicionam a marca do seu desempenho um pouco mais acima, esperam resultados melhores, e eliminam as falhas quando as coisas não caminham exatamente como o planejado. As pessoas bem-sucedidas investem 110% de si mesmas em seus relacionamentos. Elas vigiam as próprias atitudes continuamente e asseguram que suas energias sejam direcionadas para suas maiores prioridades. Compreendem a necessidade de se comprometer totalmente com a tarefa que está à mão e estão determinadas a vê-la realizada com sucesso. As pessoas bem-sucedidas envolvem-se num processo vitalício de desenvolvimento de sua perícia e competência. Elas não têm medo de se destacar na multidão. Na verdade, elas gostam disso.

As pessoas bem-sucedidas fazem o que se espera delas... e um pouco mais. Depois do Dallas ter vencido o Super Bowl em 1993, o técnico Jimmy Johnson comentou: "Eu joguei por um time campeão nacional, eu treinei um time campeão nacional e eu treinei um time Super Bowl. Existe um ponto em comum ligando os três: pessoas qualificadas empenhadas em fazer o melhor". Essa é a diferença mínima entre o sucesso e o fracasso.

3. **O crescimento pessoal precede a realização pessoal.** Bruce Springsteen acredita que: "Chega o momento em que você precisa parar de esperar pelo homem que você deseja se tornar e começar a ser o homem que você deseja ser". Você nunca se tornará o que você tem que ser até que comece a fazer o que você tem de fazer para se tornar

o que você quer. A sensação de estar de bem com a vida é precedida pela vontade de aprender, de crescer e de produzir além das suas realizações atuais.

Triste é o dia em que uma pessoa se contenta com a própria vida, com o que pensa e com os resultados que está produzindo. A cada dia uma quantidade enorme de oportunidades surge para ser explorada. Deixar de buscar essas possibilidades que se apresentam nos deixará infelizes e insatisfeitos com a vida. Não é culpa da vida. Revitalize sua vida renovando seu comprometimento com a realização de um sonho, com os resultados e com o desejo de encontrar seu potencial para essas realizações.

"Se você não está fazendo nada da sua vida", começa um comercial do Peace Corps, "não tem importância o quanto ela dure."

A vida fica chata quando você pára de crescer e de se esforçar para alcançar novos patamares. Você fica chato.

4. Quando eu ajudo outras pessoas a ter sucesso, eu também tenho sucesso. As pessoas mais bem-sucedidas no mundo são aquelas que ajudam os outros a se tornar melhores do que são e a conseguir mais do que jamais imaginaram. Alan Lay McGinnis assim definiu: "Não existe ocupação mais nobre no mundo do que ajudar outro ser humano — ajudar alguém a ter sucesso".

Freqüentemente me perguntam o que eu quero dizer com "ajudar alguém a ter sucesso". Aceitar as pessoas com todos os seus hábitos irritantes e idiossincrasias — você também os têm. Sempre espere descobrir o melhor nas pessoas. Escute sem julgar e olhe para a pessoa quando ela estiver falando. Reze pelas pessoas. Partilhe sua afeição. Ria com as pessoas e também chore com elas. Envie notas de encorajamento e de reconhecimento. Abstenha-se de sentir ciúmes e raiva. Comemore com as pessoas o sucesso que elas conseguirem. Desvie-se do seu caminho para ser gentil. Elimine toda e qualquer má vontade. Saiba o que é importante para as pessoas e esteja ao lado delas na consecução de seus objetivos. Seja uma pessoa estimulante. Sinta entusiasmo com relação à vida das outras pessoas e cultive o hábito de ajudar toda pessoa com quem você trabalha, vive ou convive socialmente a se sentir importante.

Joann C. Jones, escrevendo para o *Guideposts*, relatou o seguinte caso. "Durante meu segundo ano na escola de enfermagem, nosso professor nos aplicou um teste de surpresa. Eu passei rapidamente pelas perguntas, até ler a última: 'Qual é o primeiro nome da faxineira da escola?'

"Certamente isso era uma espécie de brincadeira. Eu havia visto a faxineira várias vezes, mas como poderia saber o nome dela? Entreguei meu teste, deixando em branco a resposta à última pergunta.

"Antes que a aula terminasse, uma aluna perguntou se a última questão valia ponto. 'Claro!', disse o professor. 'Na vida profissional, vocês conhecerão muitas pessoas. Todas são importantes. Elas merecem atenção e cuidado, ainda que tudo que vocês fizerem seja sorrir e dizer alô.'

"Eu nunca esqueci essa lição. Também fiquei sabendo que o nome da faxineira era Dorothy."

Ajudar os outros a ter sucesso é um processo simples, embora profundo, de procurar continuamente por meios de enriquecer a vida das outras pessoas. Pelo simples fato de conhecer o nome delas, caminhar passo a passo, lado a lado, em direção aos sonhos delas, sua vida se encherá de incontáveis momentos inesquecíveis.

5. Faça o que você prega. São Francisco de Assis disse certa vez, com grande sabedoria: "Pregue o Evangelho sempre. Se necessário, use palavras". Nós ficamos tão ocupados com as atividades da vida que esquecemos, acima de tudo, o que a nossa vida está transmitindo aos outros. A personalidade, a ética no trabalho, as realizações e outras interações com as pessoas demonstram nossas boas intenções. Quem nós somos é a mensagem. "Viva de modo a não se envergonhar de vender o papagaio da família para a tagarelice da cidade", aconselha Will Rogers.

Em seu livro *Everyone's a Coach*, em co-autoria com Ken Blanchard, Don Shula conta como perdeu o controle durante a transmissão de um jogo com os Rams de Los Angeles. Milhões de telespectadores expressaram sua surpresa e espanto ante o insulto de Shula. Cartas chegaram de todo o país, expressando insatisfação e incredulidade diante do fato de um homem tão íntegro ser capaz de exibir aquele comportamento.

Shula pode ter ficado tentado a pedir desculpas, mas não fez isso. Todos os que enviaram cartas com o endereço do remetente receberam uma desculpa pessoal. Ele terminava cada carta declarando: "Seu respeito é precioso para mim e farei o melhor que puder para voltar a merecê-lo".

Fazer o que se prega não significa viver sem cometer erros; significa que você é responsável pelo seu comportamento. Zig Ziglar tinha razão. "Integridade", diz ele, "requer que você faça a coisa certa de modo que tenha poucas coisas pelas quais se desculpar, se explicar ou se arrepender. Em vez disso, corte suas amarras o mais rapidamente possível depois de tomar uma decisão infeliz." Não demore em se desculpar quando você não conseguir atingir os padrões pelos quais se responsabiliza.

Mark Twain sabia como era difícil ter uma vida exemplar. Uma vez ele fez a seguinte observação: "Agir com correção é maravilhoso. Ensinar os outros a agir com correção é ainda mais maravilhoso — e muito mais fácil".

6. Assuma a responsabilidade pela sua vida. Nunca deixe que alguém ou alguma coisa fora do seu controle impeça que você tenha sucesso. Abra mão de todas as desculpas e da mania de culpar, e de responsabilizar outros. "O sucesso em grande escala requer que você aceite responsabilidades", adverte Michael Korda, editor-chefe da Simon & Schuster. "Em última análise, a qualidade que todas as pessoas bem-sucedidas possuem é a capacidade de aceitar responsabilidades."

Você é inteiramente responsável pelo que você faz. Bern Williams identificou nossa má vontade, nos dias de hoje, de aceitar responsabilidades, especulando, "Se Adão e Eva fossem vivos hoje, eles provavelmente abririam um processo contra a serpente". Nós podemos achar graça dessa suposição, mas receio que ela esteja mais próxima da verdade do que muitos de nós admitiriam.

Muitos têm medo da responsabilidade, mas essa é uma escolha que fará uma diferença substancial na sua vida. Se você deseja ser feliz com a vida que está levando, assuma isso. Assuma a responsabilidade por onde você está e para onde você está indo. Você é responsável pelos resultados. Você sempre foi e sempre será. Isso provavelmente é o que sugeriu Ed Cole ao dizer: "A maturidade não vem com a idade; ela vem com a aceitação da responsabilidade".

Eis por que razão esse princípio é tão importante. Se você não aceita responsabilidades, você logo assumirá o papel de vítima, e as vítimas têm uma vida cheia de frustração, de racionalização, de culpas, de defensivas e de desculpas. Eu aprecio muito duas perguntas que me protegem da armadilha de me tornar uma vítima. A primeira é: o que eu quero? A segunda: o que eu estou disposto a fazer para conseguir isso? A responsabilidade recai apenas sobre uma pessoa — eu mesmo.

7. Esteja disposto a pagar o preço. Tenho observado duas espécies de pessoas: aquelas que fazem as coisas acontecerem e aquelas que esperam as condições ideais antes de tentar qualquer coisa. Existem aquelas que fazem a qualquer custo e aquelas que protestam o tempo todo. "Isto não é trabalho meu." Zig Ziglar recomenda: "Se você faz o que precisa fazer quando é preciso, chegará um dia em que você poderá fazer o que quiser, quando quiser".

A realização é o resultado de fazer o que deve ser feito, estando você disposto ou não a fazer. Não espere se sentir bem antes de fazer bem. Pague o preço agora e sinta a satisfação de desafiar aquelas vozes que sussurram baixinho que você não está pronto para a tarefa neste momento. "Para ter sucesso, seja qual for nosso trabalho, temos de pagar o preço por esse sucesso", disse Vince Lombardi. "Você tem de pagar o preço para vencer e tem de pagar o preço para chegar ao ponto em que o sucesso é possível. Mais importante que tudo, você tem que pagar o preço para ficar ali."

O lendário treinador de basquete da UCLA, John Wooden, sintetiza esse princípio. Ele nunca achou que poderia contar com o sucesso para sempre. Ele sabia que havia um preço a pagar a cada ano, e descansar sobre os louros do sucesso do último ano não era uma atitude aceitável. Ele preparava suas equipes para a batalha. O desenvolvimento contínuo da perícia, dos propósitos e do trabalho de equipe, e a mente direcionada para o campeonato produziram resultados fenomenais. Wooden estava tão concentrado em sua meta que chegava a exigir que os jogadores calçassem as meias de uma determinada maneira, que recolocassem o sabonete no devido local no chuveiro e que empilhassem as toalhas usadas.

Ironicamente, meticuloso como Wooden era, ele nunca confiou em relatórios de observadores ou em livros especializados. Ele não queria que seus jogadores se preocupassem com os pontos fortes e fracos dos oponentes. Ele achava que os livros sobre jogos eram inúteis, porque, no calor da partida, ele sabia que precisaria fazer ajustes que não poderiam ser calculados por antecipação ou previstos em livros sobre jogos.

Quando você paga o preço dia após dia, não importa o quanto isso possa parecer tedioso ou difícil, você é recompensado com o estilo de vida de um campeão.

8. Viva para dar. "A medida de uma vida, no final das contas, não é o quanto ela dura, mas o quanto ela doa", disse Corrie Ten Boom. A generosidade é uma qualidade maravilhosa.

Na nossa sociedade, o dinheiro tende a ser o instrumento com que mensuramos o ato de dar. Qual foi o aumento de salário dela o ano passado? De quanto foi a bonificação por desempenho paga a ele? Quanto custou o carro novo dele? Qual foi a porcentagem dos lucros? Nossa cultura é obcecada pelo que as pessoas obtêm.

Viver para dar envolve muito mais do que isso. Na sepultura de Christopher Chapman, na abadia de Westminster, há a seguinte inscrição, datada de 1680: "O que dei, eu tenho; O que gastei, eu tive; O que deixei, eu perdi; Por não ter dado".

É difícil convencer pessoas egoístas a começar a dar seus recursos, seu tempo e seu talento. Às vezes é mais fácil preencher um cheque e esperar que nada mais seja pedido. Comece por partilhar sua compreensão, sensibilidade e gentileza com aqueles que necessitam de um pouco de compaixão. Nunca ignore um colega de trabalho que precisa se sentir como parte da equipe.

Ajude alguém que não possa retribuir a sua ajuda. Encoraje aqueles que não podem ajudar a si mesmos. Ensine alguém a realizar o seu potencial. Tenha um coração generoso e o céu estará repleto de pessoas que o aplaudirão quando você chegar lá.

9. **Aproveite o máximo de cada dia**. "Se você se deixar absorver completamente", sugeriu Anne Morrow Lindberg, "se você se entregar completamente aos momentos à medida que eles passam, sua vida será mais rica a cada momento."

Esse é um princípio de vida tão simples que eu me sinto quase embaraçado por incluí-lo na lista. Todavia, parece que as pessoas estão sempre se preparando para viver. Algum dia elas gostarão do emprego que têm. Algum dia elas terão tempo para aqueles que amam. Algum dia elas se envolverão intensamente na aventura de viver. O que elas estão esperando? Esse dia pode não chegar nunca!

A vida não é um ensaio para o evento principal. Você está vivendo o evento principal. Olhe para sua agenda desta semana. Há encontros agendados, tarefas a cumprir ou responsabilidades que você assumiu? Decida que os enfrentará com alento renovado. Procure por pequenas bênçãos em cada área de sua vida. Capte o milagre da vida dando o melhor de si mesmo a cada momento que viver. Viva ao máximo cada minuto de cada dia. Quem sabe ele pode ser o último!

"Aproveite cada momento!", encorajava Erma Bombeck. "Lembre-se de todas aquelas mulheres no *Titanic* que dispensaram o carrinho de sobremesas."

10. Mantenha o sucesso em perspectiva. Os pais do cantor Jon Bon Jovi lhe disseram que ele poderia conseguir qualquer coisa, e assim ele trabalhou incansavelmente em sua carreira musical desde a idade de 16 anos. Sua banda tornou-se um sucesso fenomenal, mas Jon Bon Jovi sabia que havia mais para conseguir na vida do que o ritmo despreocupado, a exaustão física ou a pressão contínua para produzir mais um álbum campeão de vendas. Sua mulher, Dorothea, proporcionou-lhe o espaço e o estímulo para ver tudo em perspectiva.

"Hoje", diz Bon Jovi, "eu tento dedicar tanto tempo ao meu casamento e à família quanto à minha carreira. Durante anos repetia-se uma sentença engraçada em nossa casa, que era: 'É a meu respeito, eu, eu, o cantor'. Agora não é mais a meu respeito; é a respeito deles. Ficamos em casa, assegurando que as crianças tenham um ambiente saudável, cheio de amor."

Sucesso é tudo o que se refere ao reconhecimento e à valorização do amor e do respeito com relação às pessoas mais próximas a você. Para que serve o sucesso se ele só estiver servindo para magoar as pessoas ao seu redor? Para que serve o sucesso se não for para preservar a saúde daqueles que você ama e beneficiá-los? Para que serve o sucesso se você não tem alguém ao seu lado para compartilhá-lo?

Por mais que eu aprecie a busca pelos sonhos, objetivos e realizações, o seu valor a longo prazo é pequeno quando comparado ao privilégio de saborear cada dia na companhia daqueles que eu amo e respeito.

É isso aí. Os dez princípios que norteiam a minha vida são simples, mas servem como uma bússola para minhas buscas pessoais e profissionais. E quanto a você? Já decidiu quais os princípios inabaláveis e imutáveis que regerão sua vida?

PROCURE SER UMA PESSOA MELHOR

✸

Caráter é o que fazemos quando ninguém está olhando. Não é o mesmo que reputação . . . sucesso . . . realização. Caráter não é o que fizemos, mas quem somos.

BILL HYBELS

PRESTE ATENÇÃO EM QUEM VOCÊ É

John Luther uma vez disse: "O bom caráter deve ser tido em mais alta conta do que um talento notável. A maioria dos talentos é, até certo ponto, um dom. Por outro lado, o bom caráter não é uma dádiva. Temos que formá-lo peça por peça — pelo pensamento, pela escolha, pela coragem e pela determinação". O caráter tem a ver com a forma como as pessoas se agrupam. É o intercâmbio entre aquilo em que elas crêem e aquilo que elas fazem. Embora o talento seja um fator importante para o sucesso no trabalho, o caráter é imperativo.

Em seu livro *Everything You've Heard is Wrong*, Tony Campolo conta esta história interessante. Certa vez, o gerente de um escritório perdeu seu emprego durante a recessão. Cheio de tristeza, ele perambulou por um parque, encontrou um banco vazio e sentou-se. Passado algum tempo, outro homem se aproximou. Muito triste, ele se sentou na outra ponta do banco.

Depois de ficarem algumas horas em silêncio, o primeiro homem disse:

— Eu sou um gerente de escritório que se tornou supérfluo. Eu não tenho mais emprego. Qual é o seu problema?

> *O trabalho árduo põe em evidência o caráter das pessoas: algumas enrolam as mangas para cima; algumas empinam o nariz com desprezo, e algumas nem sequer aparecem por ali.*
>
> SAM EWING

O segundo homem respondeu:

— Eu tenho um circo. A grande atração do meu circo era um macaco. O macaco morreu na semana passada e a freqüência do público caiu drasticamente. Acho que terei que fechar o circo se não encontrar outro macaco.

Não demorou muito para que o primeiro homem apresentasse uma proposta interessante.

— Você precisa de um macaco e eu preciso de um emprego. O que você acha de eu me vestir de macaco e fingir que sou um bicho de verdade? Eu poderia convencer seus patrocinadores e todos ficariam felizes.

Como não tinha nada a perder, o dono do circo decidiu fazer a experiência. Para sua surpresa, o falso macaco mostrou-se mais divertido e atraiu uma platéia maior do que o macaco de verdade. O dinheiro começou a entrar. E tanto o antigo gerente de escritório como o dono do circo começaram a enriquecer.

Então, certo dia, as coisas saíram dos eixos. De alguma maneira, um leão entrou na mesma jaula onde estava o falso macaco. O gerente de escritório não sabia o que fazer. Ele fez o que pôde para fugir do leão, mas compreendeu que, mais cedo ou mais tarde, ele cairia nas garras do animal.

Uma grande multidão juntou-se do lado de fora da jaula para observar o espetáculo. Eles gritaram e arfaram quando o leão finalmente encurralou o gerente num canto da jaula e se preparou para saltar sobre o macaco de mentira. Repentinamente, a multidão chocada escutou o macaco gritar, com uma voz trêmula e apavorada:

— Socorro! Socorro!

Foi então que o leão resmungou: — Cale a boca, estúpido! Você pensa que é o único por aqui que está sem emprego?

É surpreendente como tantas pessoas andam por aí fingindo ser o que não são. Elas gastam uma energia considerável para criar uma identidade que pareça aceitável àqueles que as cercam. O problema é que elas acham que precisam mudar a aparência que têm em público para atender às expectativas hesitantes das pessoas com quem elas estão. É impossível fazer esse jogo por toda a vida. Cedo ou tarde elas são encurraladas, e a "pessoa de verdade" fica exposta.

O sucesso profissional baseia-se no comportamento que é coerente com os valores que esposamos. Violar valores pessoais é prejudicial à pessoa, bem como à organização. O ato de fingir leva à sabotagem pessoal e a comportamentos autoprotetores. Eu tenho de concordar com John Morley, que disse: "Nenhum homem pode ir além dos limites do seu próprio caráter". Quando seu caráter é forte, as pessoas têm confiança de que seu desempenho corresponderá a todo o seu potencial. Quando o caráter é questionável, as pessoas nunca sabem o que esperar.

Seja um profissional que sabe o que é certo e age dessa forma, mesmo que isso signifique empregar esforços substancialmente maiores. Fazer o que é fácil ou conveniente nem sempre significa fazer o que é certo.

Deixe que seus valores norteiem suas ações. Isso é arriscado? Será bem aceito pelas pessoas? Estou disposto a fazer isso? As pessoas que agem de acordo com seus valores não fazem esse tipo de pergunta. O meu comportamento está em sintonia com o meu comprometimento com a ética? Eu acredito no que estou fazendo? Estou mantendo minha integridade com essa decisão? Essas são as perguntas que vêm à mente quando o nosso caráter determina o nosso modo de agir.

Mantenha os padrões o mais elevados possível. Seu caráter emerge por meio dos seus valores, da sua integridade e da sua honestidade... da coerência entre suas palavras e suas ações. Compreenda que suas convicções a princípio podem não ganhar popularidade, especialmente se elas não estão de acordo com "a maneira como sempre fizemos isso". Lembre-se de que as atitudes certas nem sempre são recompensadas e que nem todos ficarão do seu lado.

Assuma inteira responsabilidade pelo seu caráter. Dizer que "todo mundo faz isso" é uma postura infantil e não convence ninguém. Você não pode indicar alguém para responder pela sua ética. Tente fazer isso e logo verá que seus padrões deixaram de ser tão altos. "Eu só estou fazendo o que me mandaram" é uma desculpa. O caráter é uma decisão pessoal e uma busca. Suas convicções podem coincidir com as das pessoas com quem você trabalha, porém, o caráter é definitivamente um exercício individual.

As pessoas que se orientam pelo caráter se dispõem a fazer coisas que as pessoas levadas pela emoção não fariam. Elas se orgulham da própria confiabilidade, do seu comprometimento com a excelência, do desejo que têm de servir, do modo como buscam soluções para os problemas e de sua força interior... independentemente do modo como "se sentem". Não é algo para se ter algum dia ou para se ter em certa medida; ou você tem ou você não tem. Até as pequenas falhas podem ser devastadoras.

Conforme um artigo de 1997 publicado no *USA Today,* os cientistas estão convencidos de que uma série de rachaduras, e não um corte profundo, foi a causa do naufrágio do *Titanic*.

Como nos recordamos do filme que obteve grande sucesso, o insubmergível navio de 900 pés de comprimento afundou em 1912, em sua primeira viagem, da Inglaterra para Nova York. Mil e quinhentas pessoas morreram tragicamente nesse desastre marítimo.

A crença largamente disseminada de que o navio colidiu com um *iceberg*, o que resultou num enorme rombo no casco do transatlântico, é atualmente questionada. Uma equipe internacional de cientistas e mergulhadores utilizou ondas sonoras para sondar as ruínas do navio, que está enterrado na areia a duas milhas e meia de profundidade. Eles ficaram estarrecidos ao constatar que o dano causado pelo choque no casco foi relativamente pequeno. Em vez de um rombo enorme, eles descobriram seis cortes relativamente estreitos, que atravessavam o casco à prova d'água.

Que descoberta incrível! Seis pequenos vazamentos causaram o fim de um navio gigantesco de aço. Da mesma maneira, pequenos vazamentos, concessões insignificantes, parâmetros indefinidos e valores ignorados podem afundar o caráter de uma pessoa. Preste atenção em quem você é. Não se trata apenas da sua reputação. Reputação é o que se espera que você seja. Caráter é o que você é.

Como o *Titanic*, uma reputação não significa muito a não ser que possa resistir a uma vida inteira de pressões. Sinta-se encorajado pelas palavras de Bobby Richardson: "Qualquer homem será respeitado se assumir uma posição e defendê-la com a própria vida".

MELHORE A IMAGEM QUE VOCÊ TEM DE SI MESMO

Duvide de si mesmo e você duvidará de tudo o que vê. Julgue a si mesmo e você verá juízes em toda parte. Porém, se você ouvir o som da sua própria voz, você poderá se colocar acima da dúvida e do julgamento e poderá ver para sempre.

NANCY KERRIGAN

Por meio do *Sunday Sermons* conhecemos a história do homem que levou o patrão para jantar em sua casa pela primeira vez. O patrão era muito briguento, arrogante e dominador! O caçula da família não tirava os olhos do patrão e do pai, mas não dizia nada. Finalmente, o patrão perguntou ao menino:

— Por que você está olhando para mim dessa maneira, filho?

O menino respondeu: — Meu pai diz que o senhor é um homem que se fez por si mesmo.

O patrão, sorridente, admitiu orgulhoso que, na verdade, ele era um homem que se fizera por si mesmo. O garoto disse então:

— Bem, se o senhor se fez por si mesmo, por que se fez desse jeito?

Essa pequena história sempre me faz rir quando me lembro dela. Mas o comentário do menino também suscita alguns pensamentos mais profundos. Todos nós temos nossas pequenas batalhas interiores para nos tornarmos a pessoa que queremos ser. Talvez algumas vezes até perguntemos a nós mesmos: "Por que eu me fiz assim?"

Nos meus seminários, faço muitas vezes a seguinte pergunta: "Quantos de vocês acreditam 100 por cento em si mesmos?"

Raramente alguém levanta a mão. Quando reduzo a medida dessa porcentagem, entre 50 a 75 por cento, a maioria dos participantes ergue a mão. Apresento então duas importantes perguntas ao grupo: 1) O que os impede de atingir os 100 por cento? e 2) Como seria o seu local de trabalho se todas as pessoas acreditassem 100 por cento em si mesmas?

Acreditar 100 por cento em si mesmo não equivale a ser arrogante, orgulhoso ou presunçoso. Equivale a utilizar ao máximo os dons, habilidades e talentos que você tem. Do outro lado da moeda, acreditar em si mesmo apenas em parte não lhe proporcionará a motivação necessária para ir além de onde você está.

Grande parte da insegurança profissional é causada pela sensação de que não somos tão bons quanto as outras pessoas e de que existe uma possibilidade muito pequena de mudar para melhor. Para escapar dessa linha de pensamento, precisamos mudar nossas convicções atuais e começar a questionar as suposições que fazemos sobre nós mesmos.

Romper essas imagens consolidadas que temos de nós mesmos não é uma tarefa fácil. Comece por visualizar a pessoa que você deseja se tornar e então empenhe-se para tornar essa imagem uma realidade. Meu amigo Joe Batten diz que "Quando você sabe quem e o que você deseja ser, parece relativamente fácil saber o que fazer". Comece a agir como agiria a pessoa que você deseja se tornar. Espelhe a confiança que essa pessoa terá. Aja como se você já fosse essa pessoa. Quando começar a ter uma imagem melhor de si mesmo, tenha algumas coisas sempre em mente:

Seja você mesmo. Brian Tracy acredita que: "O mundo aceitará você na mesma proporção em que você se aceita. É a você mesmo que você terá de convencer antes de conseguir convencer qualquer outra pessoa".

Willy Loman, na marcante e trágica peça *Morte de um Caixeiro Viajante*, viveu uma vida cheia de falsos clichês. Willy lutou para descobrir quem ele era de verdade e por essa razão viveu cheio de medos, dúvidas e insegurança. Essa peça teve recentemente um surto de popularidade. Não posso deixar de pensar se Willy Loman não representa mais do que um personagem para as pessoas que assistem à peça. Estaria ele retratando um mundo cheio de pessoas tentando ser iguais, tentando agir da mesma forma, e tentando ser bem-sucedidas como outras pessoas? "Tanta inquietação", sugere Lin Yutang, "vem do fato de que a pessoa não sabe o que quer, quer coisas demais ou talvez queira ser outra pessoa; qualquer outra pessoa exceto ela mesma. É preciso coragem para ser você mesmo ou para ficar só, sem desejar ser outra pessoa."

O teólogo Charles Spurgeon prevenia: "Tome cuidado com ninguém mais senão consigo mesmo; nós trazemos nossos piores inimigos dentro de nós". É importante descobrir quem você é realmente; seu caráter, seus valores e seu coração, antes de tentar construir sobre o que você tem. Certamente, o que o ser humano é precede o que o ser humano faz.

Seja autêntico. Infelizmente, Ava Gardner foi porta-voz de muita gente ao declarar: "No fundo, eu sou um bocado superficial".

A melhor maneira de descrever o que quero dizer com "ser autêntico" é partilhar uma definição que é totalmente contrária ao que eu quero transmitir. Na edição de 26 de outubro de 1992, o *The New York Times* publicou um artigo de N. R. Kleinfield cujo título era "Especialistas em fragrâncias dizem que podem engarrafar o cheiro do sucesso". Esse artigo começava assim: "Tinha que acontecer. Alguém pensa que ele está quase criando o Honesto Vendedor de Carros numa garrafa.

"Há um ano, um dos três maiores fabricantes de automóveis de Detroit contratou o dr. Alan R. Hirsch, um ardiloso pesquisador de aromas em Chicago, para criar um aroma um tanto excepcional. Esperava-se que, ao borrifar o aroma num vendedor de carros, ele teria — sim — um cheiro de honestidade.

"Isso parece absurdo. De fato, quando conseguiu parar de rir, a dra. Susan Shiffman, pesquisadora de aromas e professora de psicologia médica na Escola de Medicina da Duke University, comentou: 'Eu não sabia que a honestidade tinha um aroma específico'. Porém, o dr. Hirsch, que se recusa a revelar o nome do seu cliente de Detroit, está confiante de que terá criado dentro de um ano o Cheiro do Honesto Vendedor de Carros. Se for bem-sucedido, ele diz, o fabricante de automóveis entregará a essência aos seus distribuidores, que a borrifarão em seus vendedores, e então os clientes aspirarão o aroma e os carros sairão voando dos pátios das revendedoras".

Acreditem ou não, essa é uma história verídica. Minha resposta é: "Se você está tentando encobrir uma falha de caráter com um aroma perfumado, não espere conseguir uma reputação respeitável ou mais respeito por si mesmo". Norman Vincent Peale disse certa vez: "É fato que a imagem que você projeta é o que você é". Seja autêntico. Impostores definitivamente terminam por desgostar de si mesmos.

Esteja certo de que você é alguém especial. De acordo com o *Parade*, a cédula para a eleição de novembro de 1992 no Estado de Washington exibia o nome de um candidato chamado "Absolutamente Ninguém". David Powers mudou seu nome legalmente visando lucrar com a frustração do eleitor, e prometeu abolir o cargo de vice-governador se eleito. Ele obteve apenas seis por cento dos votos, mas, e se tivesse ganho? "Absolutamente Ninguém Ganhou!"

Como isso é verdadeiro! Qualquer pessoa que acha que é ninguém ganharia. Elas podem atrair atenção ou até mesmo simpatia, mas isso é efêmero e elas terminam com uma pequena porcentagem de apoio, que os deixará em pior estado do que antes. "O meu conselho é, sigam meu conselho", diz Miss Piggy. "Nunca se esqueça de que somente você poderá apreciar inteiramente sua própria beleza verdadeira. Os outros podem tentar, mas eles em geral não conseguem avaliá-la por completo." Louis L' Amour definia isso de forma um pouco diferente: "Eu sou alguém. Eu sou eu. Eu gosto de ser eu. E eu não preciso de ninguém para fazer de mim alguém". Para ser alguém especial é preciso primeiro acreditar que você é de fato alguém especial. Enxergue sua própria bondade, aprecie seus pontos positivos e comemore sua natureza humana.

Denis Waitley acrescenta ainda: "A fé em você mesmo começa com a compreensão de que Deus está sempre com você e dentro de você". O comentário de Waitley é animador. Deus é maior do que qualquer limitação que você possa ter e é capaz de transformar sua maior fraqueza em força.

Existe uma história contada pelo animador Roger Williams que tem alguma relevância aqui. Um famoso cantor estava em turnê quando parou numa casa de repouso para fazer uma visita à mãe. Ele se perdeu ao procurar pelo quarto dela e estava confuso andando de um lado a outro, quando uma senhora idosa o encarou com um olhar de intensa curiosidade, como se o reconhecesse. Depois de um momento ele, embaraçado, quebrou o silêncio perguntando:

— A senhora sabe quem eu sou?

Olhando-o da cabeça aos pés, ela respondeu:

— Não, mas se você for até a recepção, eles poderão lhe dizer.

Não precisamos de alguém para nos dizer quem somos, mas, para aumentar nosso valor aos olhos da empresa, dos nossos colegas de trabalho e dos clientes, é importante saber quem somos e nos esforçarmos para ser o que desejamos ser. O dr. Joyce Brothers nos lembra: "Você não consegue agir o tempo todo de forma incoerente com a maneira como enxerga a si mesmo". Portanto, permanecer em posição neutra não é uma opção. Temos que nos empenhar para nos disciplinar a agir de forma positiva e construtiva, para conseguir nos tornar tudo aquilo que podemos ser. Essa é a maneira pela qual você melhorará sua auto-imagem.

Você é livre para escolher o seu local de trabalho, o que você faz, e com quem você vai trabalhar. Porém, quem e o que você se tornará é uma incógnita. Antes de assumir um emprego ou uma posição, lembre-se de que as coisas que acontecerão no seu trabalho mudarão você e pergunte a si mesmo se a mudança estará ou não em concordância com a missão que você se propôs a cumprir.

TONY CAMPOLO

SEJA O MELHOR QUE VOCÊ PODE SER

> *Se você quer alcançar a excelência, você pode fazer isso hoje. Quanto a este mesmo instante, pare de fazer um trabalho que não seja excelente*
>
> THOMAS WATSON

John C. Maxwell, em *Developing the Leader Within You*, diz: "Muitas pessoas querem olhar para a exceção em vez de querer ser excepcionais". A realidade é que é preciso muito esforço para ser excepcional e um esforço muito pequeno para encontrar desculpas que justifiquem o fato de não estarmos fazendo o melhor que podemos. Você precisa pagar um preço para ser um profissional excepcional. Não há atalhos para isso.

"A excelência", diz Pat Riley, "é o resultado gradual de estar sempre se esforçando para fazer melhor." Reparem que Riley não disse "se você fizer determinada coisa, você terá dominado a fórmula para atingir excelência". Para que seu desempenho seja perfeito são necessários pequenos passos para ajudá-lo a crescer a ponto de estar preparado para o seu próximo nível de desempenho. Tenho observado um certo número de estratégias práticas empregadas por pessoas que compreendem e são motivadas pelo fato de que a "média" está a meia distância entre o topo e o sopé da montanha. Elas não vão querer relegar a própria carreira a esse limbo.

As estratégias funcionam ou não dependendo da pessoa. Todavia, algumas são relativamente universais. Considere as seguintes abordagens, ao planejar sua incursão para longe da média e em direção ao seu desempenho máximo.

1. Corrija as falhas.

A notável carreira de Rashaan Salaam como jogador de futebol americano rendeu-lhe o Troféu Heisman em 1995. Ele foi escolhido pelo Chicago Bears e, embora ele tenha se destacado na temporada dos novatos, os adversários detectaram um ponto fraco em seu jogo. Salaam tendia a se atrapalhar na corrida. Na verdade, ele perdeu a bola nove vezes.

Conforme relatou o *Chicago Tribune*, a equipe de treinadores do Chicago Bears idealizou um treino prático para corrigir o problema. Eles amarraram uma fita comprida ao redor da bola de futebol. Enquanto Rashaan corria segurando a bola firmemente contra o corpo, outro jogador corria atrás dele puxando a fita. Rashaan aprendeu a segurar a bola com tal força que ela não poderia se soltar.

As pessoas que estão comprometidas com a excelência profissional determinam como deveria ser o seu desempenho máximo, e então se empenham para atingir esse padrão. À medida que esse processo progride, surge a necessidade de se fazer correções, e ajustes são feitos para assegurar um progresso constante em direção ao ideal. Pequenas falhas, imperfeições e resultados não tão bons certamente ocorrerão. Essa é uma parte natural do processo. O que separa aqueles cujo desempenho é excelente daqueles cujo desempenho é medíocre é a determinação de corrigir falhas que solapam seu desejo de ser o melhor que podem ser. Como Oliver Cromwell disse no século XVII: "A pessoa que deixa de ser a melhor, deixa de ser eficiente. Trata-se de uma busca sem fim".

Eu não defendo a postura de quem concentra toda a sua atenção e energia na tarefa de corrigir o que está errado, sem dar a mínima para os seus pontos fortes. Pelo contrário. Todavia, você não pode se descuidar dos assuntos que o impedem de atingir novas alturas, aperfeiçoar suas aptidões ou atingir resultados mais amplos. Porém, só porque os pontos fracos são eliminados ou corrigidos, isso não significa que tudo ficará perfeito. Você poderá passar um dia inteiro livre de erros, mas isso não é necessariamente o mesmo que ter um dia excelente. Rashaan Salaam poderia não se atrapalhar com a bola durante uma partida inteira, mas isso não significava que ele teria um ótimo dia na retaguarda. Não basta "somente" administrar nossas limitações ou fraquezas.

2. Descubra qual é o seu sweet spot*.

Após décadas de trabalho como consultor de grandes empresas e de uma carreira bem-sucedida como escritor, Peter Drucker fez a seguinte observação: "O grande mistério não consiste no fato de que as pessoas fazem coisas mal-feitas, mas sim no de que elas ocasionalmente fazem algumas coisas bem-feitas. A única coisa que é universal é a incompetência. Todavia, ninguém alguma vez comentou, por

---

*No tênis, ponto de contato entre a raquete e a bola, que, ao ser atingido, permite que a bola tenha o rendimento máximo. (N.T.)

exemplo, que o grande violinista Jascha Heifetz provavelmente não saberia tocar trompa muito bem".

Encontrar esse nicho, talento ou interesse em que é possível atingir a excelência é uma ótima maneira de maximizar seus esforços. Quando encontramos esse *sweet spot*, como no tênis ou no golfe, estarão à nossa disposição muito mais controle e poder.

Como Alfred North Whitehead descreveu, "É fazendo bem as pequenas coisas que encontramos o caminho para fazer melhor as grandes coisas".

Aproveitando seus *sweet spots* você continuará se esforçando para aperfeiçoar suas aptidões e superar o que realizou ontem. Você poderá ver seu desempenho melhorando, pouco a pouco, e isso será suficiente para, ao final, aumentar expressivamente sua competência. Use os seus *sweet spots* para desencadear descobertas extraordinárias em seu desempenho, para proteger sua carreira, para aumentar o valor que você tem para a companhia e para preparar o caminho para um futuro brilhante. Pense nisso como uma busca diária de perfeição que otimizará sua contribuição para a equipe e para a organização.

3. Procure fazer o melhor que puder.

Durante o tempo em que serviu na Marinha dos Estados Unidos, Jimmy Carter candidatou-se para o programa do submarino nuclear. Na ocasião, o almirante Hyman Rickover chefiava a Marinha Nuclear dos Estados Unidos e todos conheciam sua reputação de homem rigoroso e exigente. Aqueles que haviam se submetido às entrevistas anteriores sabiam que os candidatos geralmente saíam da entrevista apreensivos, com raiva e totalmente intimidados. Mas ele era uma porta que teria de ser transposta.

Carter conta que, na primeira parte da entrevista, o almirante deixou que ele falasse sobre qualquer tópico que desejasse. Carter escolheu assuntos que lhe eram familiares, porém, quando o almirante começou a fazer perguntas cada vez mais difíceis sobre o tópico escolhido, Carter compreendeu que sabia relativamente pouco sobre o assunto.

Quase ao final da entrevista, o almirante perguntou:

— Qual foi a sua classificação nas classes da Academia Naval?

Carter respondeu orgulhosamente:

— Senhor, eu fiquei em 59º lugar numa classe de 820 pessoas.

Ele esperou receber calorosos cumprimentos do almirante, mas, em vez disso, recebeu uma resposta surpreendente:

— Você fez o melhor que pôde? — perguntou Rickover.

Carter começou a responder — "Sim, senhor" — mas então refletiu por um momento sobre as ocasiões em que poderia ter estudado mais sobre os aliados e os inimigos da América, sobre armas, estratégias e outras matérias correlatas. Ele finalmente respondeu:

— Não, senhor, nem sempre eu fiz o melhor que podia.

O almirante Rickover olhou para Carter demoradamente, girou sua cadeira para terminar a entrevista e então fez a última pergunta ao candidato: — Por que não?

O almirante Rickover foi muito severo? Exigiu demais de um jovem marinheiro? Suas expectativas foram irreais? De acordo com Jimmy Carter, a resposta é não. Ele disse que nunca mais esqueceu as palavras que o almirante Rickover lhe dirigiu naquele dia. Anos depois, aquele encontro lhe inspirou o título do seu livro, *Why Not The Best?* [Por que não o melhor?]

Num esforço para acompanhar o ritmo rápido com que o mundo avança, algumas pessoas baixam seus padrões e esperam menos que excelência de si mesmas. Sacrifícios são feitos em nome da eficiência. Infelizmente, essa postura pode levar o desempenho de uma pessoa à mediocridade. Collin Powell está certo: "A liberdade para ser o melhor não significa nada se você não está disposto a fazer o melhor".

"Você está fazendo o melhor que pode?" Eleve o nível dos seus padrões. Estabeleça diretrizes das quais você possa se orgulhar. Não abra exceções. Em vez de se conformar com menos do que o seu melhor, aprimore o seu conceito de melhor. "Procure a perfeição em tudo", sugere Lord Chesterfield, "embora na maioria das coisas, ela seja inatingível. Todavia, aqueles que procuram atingi-la e perseveram chegam muito mais próximo dela do que aqueles cuja preguiça e desânimo os fazem desistir por considerá-la inatingível." Procure alçar novas alturas. Vá acima e além do dever. Faça mais do que os outros esperam. Nunca aceite um desempenho " mais ou menos", de você ou das pessoas do seu relacionamento.

Agora é uma grande ocasião para ser o melhor que você pode ser. Em tudo. De todas as maneiras.

Cada vez se promove mais a mediocridade porque não se acha o que tem valor verdadeiro.

KATHLEEN NORRIS

FAÇA COM QUE AS COISAS ACONTEÇAM

✶

Nada é mais exaustivo do que a eterna pendência de uma tarefa incompleta.

WILLIAM JAMES

CONCLUA AS TAREFAS QUE VOCÊ NÃO TERMINOU

Do que você se lembra mais — das tarefas que terminou ou daquelas que ainda estão por fazer? A maioria das pessoas responde imediatamente: "Eu me lembro mais das coisas que deixei por fazer".

Eu fico sempre sem resposta (e muitas vezes embaraçado) quando, ao chegar em casa à noite, minha mulher me pergunta: "O que você fez hoje?" Algumas vezes eu preciso responder honestamente: "Eu não sei bem. Mas isso me custou o dia inteiro".

Deixar de fazer um progresso significativo ao cumprir as obrigações de trabalho é a causa de muita frustração, *stress* e decepção. Somente uma obsessão por terminar o que tem que ser feito pode anular os resultados e sentimentos negativos associados a tarefas incompletas.

Viver em meio a um redemoinho frenético de compromissos e atividades não é o mesmo que produzir resultados. Na verdade, estima-se que um terço da força de trabalho norte-americana não consegue levar a termo o que se propõe a executar a cada dia. Surpreende-nos o fato de termos uma nação cheia de trabalhadores insatisfeitos?

O que você consegue realizar na vida depende quase que inteiramente do que você se obriga a executar. A primeira coisa que se deve fazer é treinar a mente para se concentrar nas coisas essenciais e para descartar aquelas que sejam frívolas e sem importância. Isso assegurará a verdadeira realização e o sucesso definitivo.

LYNDON JOHNSON

Como Henry David Thoreau observou: "Ser diligente não basta, as formigas também são. Você é diligente com relação a quê?"

Como você define trabalho? Como uma série de atividades e responsabilidades? Se é assim, então o trabalho é visto como um verbo. Todos trabalham, mas nem todos são produtivos.

Pessoas produtivas vêem o trabalho como aquilo que elas são capazes de realizar. Trata-se de um substantivo. O que resulta das tarefas concluídas é a sensação de estar no controle da situação, de produtividade crescente, do aumento da satisfação, de mais tempo para se dedicar a outras responsabilidades e de mais energia para ser criativo. Concluir tarefas não terminadas não será uma prioridade enquanto não aceitarmos a idéia de que o que realizamos é muito mais importante do que nos manter ocupados.

Reexamine suas tarefas pendentes, a pilha de artigos não lidos, a correspondência que aguarda resposta e os telefonemas a responder que você vem evitando. Simplifique sua abordagem e planeje a forma de desentulhar sua vida (e sua mesa de trabalho), decidindo-se a levar a termo essas responsabilidades.

Terminar uma tarefa nos dá a satisfação de conseguir um resultado. Você pode retirá-la da sua lista de trabalhos a executar e começar uma nova tarefa. Há uma nova liberdade para buscar a prioridade seguinte. A criatividade aumenta. Seu reservatório de energia ficará cheio novamente e você estará apto a redirecionar sua atenção. Um novo impulso está brotando.

Procure maneiras de concluir as suas tarefas diárias. Vivemos uma época em que trabalhar com afinco não é tão importante como ter o trabalho realizado. Você será reconhecido e lembrado pelo que você tiver feito, não pelo tempo que você se manteve ocupado ou pelas boas intenções que o motivaram.

Sugestão simples: Se você tem dificuldade para concluir o seu trabalho, faça de conta que você sairá de férias na próxima semana. Estou convencido de que uma pesquisa de âmbito nacional comprovaria uma correlação fenomenal entre eficiência, eficácia, resultados e a previsão de férias.

MEIO TERMINADO

Se você está puindo o fundilho das calças antes de gastar a sola dos sapatos, você está fazendo contatos demais no lugar errado.

ANÔNIMO

O inverno no Meio-Oeste proporciona grandes oportunidades, a qualquer jovem com um pouco de astúcia e iniciativa, de tirar proveito da falta de motivação das outras pessoas. Depois de uma nevasca impiedosa, nós apanhávamos nossas pás e saíamos à procura de adultos desencorajados pelas ações da natureza. A engenhosidade característica dos jovens nos levava a procurar pessoas em cuja casa o caminho da garagem estava desobstruído apenas pela metade. De fato, ouvir alguém dizendo: "Você pode ver que já estou com metade do trabalho feito?" aquecia o nosso coração. Essas pessoas perdiam o interesse pelo que estavam fazendo e usualmente transferiam a tarefa de tirar a neve do caminho (e o dinheiro do seu bolso também) para a nossa ambição e disposição de terminar o que elas haviam começado.

No caso de muitas pessoas, a persistência é uma qualidade ausente no cumprimento das tarefas diárias. Nós nunca podemos ser o que devemos ser até começarmos a fazer o que deveríamos estar fazendo. Então, precisamos continuar fazendo o que precisamos fazer para que possamos realizar aquilo de que somos capazes. "Se ficar parado aí, você nunca dará uma topada com o dedão", refletia Charles F. Kettering. "Quanto mais depressa você andar, maior será a chance de dar uma topada com o dedão, porém, você também terá uma chance maior de chegar a algum lugar."

Não fique empacado, preparando-se para agir. A preparação é freqüentemente um pretexto, uma desculpa para justificar o receio do efeito que suas ações podem produzir ou deixar de produzir. Muito pouco pode ser feito se você não seguir em frente e não fizer o que deve fazer, mesmo que não se sinta pronto para isso. Quando você ouvir alguém falar constantemente sobre o que irá fazer amanhã, esteja certo de que essa pessoa provavelmente disse a mesma coisa ontem.

Um modo de vida caracterizado pela inatividade, pelos adiamentos ou pela desistência acaba se perpetuando. Existe cura para isso. William James, o pai da psicologia norte-americana, sugeriu três regras para fazer com que as coisas aconteçam na vida:

1. Comece imediatamente
2. Faça com entusiasmo
3. Não abra exceções

Delibere calmamente; porém, quando chegar a ocasião de agir, pare de pensar e entre em ação.

ANDREW JACKSON

Mude a maneira de ser, levante-se, fique ativo, gaste as solas dos sapatos e agarre-se a isso com tenacidade inabalável. "Saber o que tem que ser feito e então fazê-lo", disse sir William Osler, "nisso consiste toda a filosofia da vida prática."

TAPAR BURACOS OU PLANTAR ÁRVORES

Se você algum dia pensou que é muito insignificante para ser eficiente, você nunca esteve na cama com um mosquito.

ANITA RODDICK

Gosto muito da história daquele fazendeiro que ficava sentado na varanda, observando a equipe de trabalho do departamento de construção de estradas. Um operário saltou do caminhão, cavou um buraco de bom tamanho na vala e pulou novamente para dentro do caminhão. Alguns minutos depois, uma caminhonete chegou ao local, enquanto o primeiro caminhão seguiu adiante pela margem da estrada. Um operário saiu da caminhonete, encheu o buraco, aplainou a terra e voltou para o veículo. Os dois operários repetiram o processo — cavando, esperando, tapando. Depois que essa operação se repetiu algumas vezes, o fazendeiro aproximou-se dos operários e perguntou:

— O que vocês estão fazendo?

— Estamos trabalhando num projeto de paisagismo — respondeu um operário —, e o sujeito que planta as árvores está de férias.

Eu gosto de estar com pessoas que fazem as coisas acontecerem. As organizações precisam de pessoas que queiram fazer diferença, não daquelas que simplesmente se mantêm ocupadas, como a equipe de paisagismo. Essas pessoas "ocupadas" ficam tapando buracos sem fazer melhorias visíveis ou gerar resultados. Chame a isso de trabalho contínuo sem produtividade. Essas pessoas são encontradas às pencas por aí.

Por outro lado, colegas de trabalho que estão entusiasmados com suas responsabilidades reconhecem a importância do papel que lhes cabe, dedicam-se ao trabalho que têm pela frente e querendo aperfeiçoar o modo como as coisas são, conseguem obter resultados significativos. Não importa o quanto sua função pareça pouco importante ou insignificante, eles continuam seguindo em frente, dispostos a melhorar seu desempenho.

As organizações precisam de pessoas dispostas a tomar iniciativas audaciosas, visando aumentar a eficiência da empresa. Existe muito espaço nas organizações para pessoas que pensem constantemente em novos caminhos para contribuir para o sucesso da equipe. Transcender o *status quo*, assumir riscos e realizar mudanças audaciosas para beneficiar a empresa são tarefas que não estão incluídas na descrição de seu trabalho. Essas são qualificações que não estão registradas por escrito, mas que diferenciam as pessoas medíocres das bem-sucedidas. Como disse William Arthur Ward: "Abençoado é aquele que enxerga a necessidade, reconhece a responsabilidade e se transforma ativamente na resposta".

Observar as pessoas a quem falta esse tipo de iniciativa causa frustração. Enquanto elas se sentam esperando por mais instruções ou pela permissão para agir, um número incontável de oportunidades de crescer passa por elas. É como se estivessem orquestrando a morte da carreira.

Tapar Buracos ou Plantar Árvores

O gênio dos negócios Conrad Hilton sugeriu: "O sucesso parece estar ligado à ação. Pessoas bem-sucedidas mantêm-se em movimento. Elas cometem erros, mas não desistem". Pessoas que agem com audácia podem não estar sempre certas, mas provam que estão interessadas em fazer mais do que permanecer ocupadas — tapando buracos. Além disso, elas normalmente continuam se empenhando, até conseguirem fazer a coisa certa. Elas deixam de lado os antigos hábitos e vão além da rotina de fazer sempre as mesmas coisas, da mesma maneira, todos os dias.

Vivemos num mundo impaciente e de ritmo febril, que recompensa aquele que realiza cada tarefa com uma sensação de urgência. O mundo não ficará esperando por aqueles que esperam ser perfeitos para depois agir. A energia que se aplica, mesmo em face da incerteza, é sempre recompensada.

Passe a ser uma pessoa valiosa. Dê ênfase à ação. Não fique enredado em atividades sem propósito. Busque a realização radical. Existe sempre um buraco que é preciso tapar. Não espere por outra pessoa para plantar a árvore. Tome a iniciativa. Muito pouco será realizado a não ser que você vá em frente e faça. Os outros o seguirão.

Nas palavras de Theodore Roosevelt, "Entre em ação. Faça coisas; seja sensato, não aplique seu tempo inutilmente; crie, aja, assuma um lugar onde quer que você esteja e seja alguém. Entre em ação".

Quatro pequenas palavras resumem o que alçou as pessoas mais bem-sucedidas acima das pessoas comuns: um pouco a mais. Elas fizeram tudo o que se esperava delas e um pouco a mais.

A. LOU VICKERY

O SUCESSO ESTÁ ONDE VOCÊ O ENCONTRA

✣

Lembre-se, quando você puder, que a definição de sucesso mudou. Não se trata apenas de sobrevivência, de possuir — é a qualidade de cada momento da sua vida, o existir. Sucesso não é um destino, um lugar onde você pode um dia chegar; é a qualidade da jornada.

JENNIFER JAMES
Success is the quality of the journey

DESENVOLVA O SEU PRÓPRIO CONCEITO DE SUCESSO

O tema "sucesso" freqüentemente gera duas questões principais: O que é sucesso? Como se pode consegui-lo? O caminho que percorri para responder a essas perguntas e para compreender o sucesso passou por uma série de reviravoltas. Quanto mais envelheço, mais eu reflito sobre o assunto e menos dogmático me torno com relação às minhas observações. Cheguei à conclusão de que cada pessoa precisa descobrir por si mesma o que o sucesso significará para ela.

Para mim, a pessoa que é um sucesso desfruta a vida, aproveita o máximo dela e ajuda os outros a fazerem o mesmo. Sucesso, em última análise, é uma sensação individual de realização e de satisfação e um desejo de continuar crescendo. Em *The Success Journey*, John Maxwell definiu o sucesso da seguinte forma: "Conhecer o meu objetivo na vida, crescer até o máximo do meu potencial e plantar sementes que beneficiarão os outros". Para a sua longa jornada de sucesso na vida, Maxwell sugere: "Duas coisas são necessárias para o sucesso: a definição correta do sucesso e os princípios certos para chegar lá".

Um cavalo puro-sangue nunca olha para os outros cavalos. Ele simplesmente se concentra na corrida, correndo o mais rápido que pode.

HENRY FONDA

Qual é a definição correta de sucesso? O magnata dos imóveis Donald Trump sugeriu: "A medida verdadeira do sucesso é o quanto você é feliz. Tenho muitos amigos que não possuem muito dinheiro, mas são muito mais felizes do que eu, portanto eu digo que provavelmente eles são mais bem-sucedidos". Esse é um belo modo de pensar, porém, existem inúmeras pessoas que estão sempre procurando por algo mais que as faça felizes. Na verdade, estou convencido de que algumas pessoas somente são felizes quando estão infelizes. Certamente a felicidade pode ser um dos muitos produtos derivados do sucesso, mas raramente constitui uma medida para o sucesso.

Muitos outros dos chamados "marcos do sucesso" levam também a resultados frustrantes. Conseguir o emprego ideal, segurança financeira, uma conta bancária considerável, completar um projeto ambicioso ou construir a casa dos seus sonhos constituem medidas insatisfatórias para a avaliação do sucesso. Isso não quer dizer que essas conquistas não sejam respeitáveis, porém, quando usadas como indicadores de sucesso, não são nem de longe classificadas como fatores duradouros.

Sou inclinado a concordar com o astro do futebol Joe Kapp, quando ele disse: "Sucesso é realizar todo o seu potencial. Isso é tudo. Acorde com um sorriso e vá viver a vida... Viva, divirta-se, experimente o gosto da vida, seu cheiro, sinta-a em sua plenitude". Igualmente notável é a reflexão de Ralph Waldo Emerson: "Ria com freqüência, para ganhar o respeito das pessoas inteligentes e a afeição das crianças; aprecie a crítica honesta e suporte a traição de falsos amigos, para encontrar o melhor nos outros, para deixar o mundo um pouco melhor; para saber que pelo menos alguém viveu melhor graças a você — isso é ser bem-sucedido". Pessoas bem-sucedidas compreendem que o sucesso não é um destino distante ou uma conquista final, mas o processo de viver uma vida bem-sucedida.

Provavelmente não existe uma definição de sucesso que seja adequada para todos. Ao final, você deverá decidir e definir o que o sucesso significa para você. Não se deixe levar pelo que a sociedade, seus colegas de trabalho, seus amigos ou até os membros da sua família consideram que seja sucesso. As dificuldades em tentar realizar as expectativas alheias podem ser exasperantes. O sucesso é algo muito pessoal e, ao decidir o que é sucesso para você, você estará preparado para compreender e buscar os princípios que o levarão até ele.

De acordo com um *Pryor Report* de 1993, propôs-se a seguinte pergunta aos executivos das duzentas maiores companhias norte-americanas: "Pense nas pessoas bem-sucedidas que você conheceu ao longo dos anos. Qual das seguintes razões seria a principal justificativa para o sucesso que obtiveram: a) contatos b) determinação c) trabalho duro d) conhecimentos ou e) sorte". Em resposta, 40 por cento desses executivos de alto escalão indicaram como a principal razão do sucesso o trabalho duro, e 38 por cento indicaram a determinação. Setenta e oito por cento consideraram o trabalho duro e a determinação como causas do sucesso.

A combinação de trabalho duro e determinação define a campeã olímpica Janet Evans. Ela se tornou a única mulher norte-americana a vencer uma competição individual de natação nas Olimpíadas. Com 17 anos de idade, Janet Evans, aluna do último ano do segundo grau, conquistou Seul, na Coréia, no outono de 1988. Essa maravilha olímpica não se satisfez com uma única medalha, ela ganhou três: a de 400 metros nado livre, a de 800 metros nado livre e a de 400 metros nado medley individual. Como se isso não bastasse, Evans quebrou seu próprio recorde mundial nos 400 metros nado livre, com a marca de 4:03.85 min.

Como essa jovem e inexperiente nadadora olímpica foi capaz de atingir esse grau de excelência sob atenção constante, pressão e tamanha exposição à mídia? Cinco anos antes, aos 12 anos de idade, Evans submeteu-se a um rigoroso treinamento diário. Ela começava o treino às 4:45 da madrugada, nadando 6.436 metros. Ia então para a escola, depois trabalhava em casa nas tarefas escolares, e voltava para a piscina para nadar 9.000 metros. Janet voltava para casa para jantar às 18:00 horas, trabalhava um pouco mais nas tarefas escolares, deitava-se às 20:00 horas para dormir, preparando seu corpo para as exigências do dia seguinte. Trabalho duro e determinação possibilitaram a Janet Evans se tornar vencedora de 45 títulos nacionais norte-americanos e detentora de seis recordes norte-americanos.

"Mas espere", você poderia dizer, "Eu pensei que sucesso e conquista não fossem sinônimos." Quando você sabe para onde você vai, esforça-se para ser o melhor que pode ser, e ajuda os outros a fazerem o mesmo, sempre trabalhando duro e demonstrando uma dedicação inabalável, coisas boas acontecem. Janet Evans combinou sua definição de sucesso com os esforços necessários para atingi-lo. "Sucesso", sugere Brian Tracy, "é conseqüência de fazer aquilo que você é idealmente preparado para fazer, fazer isso muito bem, e fazer isso cada vez mais."

Uma vez que você tenha determinado qual é a sua definição de sucesso, você poderá aplicar as seguintes sugestões para esclarecer os princípios que o nortearão em sua jornada.

O grande astro do basquete Michael Jordan sugeriu: "Sucesso não é algo para se buscar. É algo que você tem que empregar esforços constantes para conseguir. Então pode ser que ele surja quando menos você espera. Muitas pessoas não compreendem isso".

O escritor e orador profissional Carl Mays sugere: "Ter sucesso é fazer o máximo de quem você é, com o que você tem, onde você está".

"Ninguém terá um sucesso muito expressivo fazendo simplesmente o que lhe pedem", disse Charles Kendall. "É o quanto e a excelência do que está acima e além do que lhe pedem que determina a grandeza."

Quando um repórter perguntou a Thomas Edison a que ele atribuía seu sucesso, ele respondeu: "A capacidade de aplicar minhas energias físicas e mentais num problema, incessantemente, sem esmorecer, é o meu segredo para o sucesso".

O violinista Isaac Stern acreditava que: "Deve haver pelo menos três regras fundamentais para o sucesso, em qualquer área: 1) devoção completa e entusiasmada seja qual for a área que você escolheu; 2) a necessidade de se concentrar, excluindo tudo o mais, quando estiver trabalhando ou pensando naquilo que optou por fazer; 3) um agudo senso crítico com relação a si mesmo, muito mais severo do que o de qualquer outra pessoa".

O corretor da bolsa T. Washington tinha um ponto de vista interessante: "O sucesso não é medido pela posição que a pessoa conquista na vida, mas sim pelos obstáculos que transpôs enquanto tentava ter sucesso".

Existem muitos conselhos práticos nessas pequenas definições de sucesso. Você poderia também acrescentar as suas próprias idéias sobre o assunto. Um tema comum permeia tudo o que lemos, ouvimos ou vivenciamos sobre o sucesso; as pessoas que desfrutam momentos de sucesso na vida não são pessoas apáticas, que esperam o sucesso acontecer. As pessoas bem-sucedidas compreendem que o sucesso tem a ver com quem você é e com o que você faz a cada momento da sua vida para que coisas boas aconteçam.

Não faça do sucesso um assunto complicado. Forme uma idéia clara do que o sucesso significa para você e então se esforce para fazer alguma coisa, a cada dia, para tornar essa idéia uma realidade.

QUAL FOI A IMPRESSÃO QUE VOCÊ DEIXOU?

Esta tem sido uma semana daquelas. Tenho viajado em pequenos jatinhos, dei uma série de palestras, dormi em vários hotéis diferentes, comendo qualquer coisa nas horas vagas e tentando aproveitar os minutos de espera nos aeroportos. Embora tenha apreciado bastante os grupos para os quais falei ... estou cansado. Sempre que fico cansado, começo a refletir.

Ao longo da semana, caminhei pelos corredores dos aeroportos, observando viajantes tensos e ansiosos. "Como assim, não pode entregar!?", ouço um vendedor gritando ao telefone. "Como o avião pôde decolar sem mim?", perguntava um viajante frustrado em férias. Inúmeras pessoas se arrastavam, corriam ou se esgueiravam pelos corredores dos aeroportos, carrancudos e com um olhar de dor.

Sentados perto de mim num dos vôos, dois homens que conversavam pareciam dois banjos duelando, à medida que rebaixavam, arrasavam e destroçavam as empresas em que trabalhavam. Pelo que diziam, seus salários eram menores do que mereciam, trabalhavam demais e seus patrões não tinham a menor idéia do quanto era difícil o trabalho que executavam. Pensei comigo mesmo, "Por que continuam lá então?"

Você sempre faz o que quer fazer. Isso se aplica a todos os seus atos. Somente você tem o poder de fazer escolhas por si mesmo. A escolha é sua. É você quem segura o leme. Você pode alterar o curso que você escolhe, em direção ao lugar onde deseja estar — hoje, amanhã, ou num futuro distante.

W. CLEMENT STONE

Leonard, por outro lado, ou realmente adorava seu emprego como balconista de um café no aeroporto ou então estava se preparando para um teste como ator. Seus comentários interessantes, seu andar vivaz e comportamento amigável me fizeram aumentar o valor da gorjeta que eu pretendia lhe dar. Na mesma semana, voltei a vê-lo no aeroporto quando retornei. Ele continuava lá. Sempre simpático e agradável.

Bill também adorava seu emprego. Isso foi o que ele me contou quando seguíamos para o aeroporto, no furgão que o hotel oferecia aos hóspedes como cortesia.

— Nunca pensei que poderia gostar tanto do meu trabalho — disse-me esse motorista de sessenta e poucos anos de idade.

Ele estava realmente interessado no que eu fazia para ganhar a vida, tinha o patrão em alta conta, e estava tão bem informado sobre os últimos acontecimentos no país quanto na sua comunidade. A viagem de quinze minutos transcorreu muito depressa. Bill deixou uma excelente impressão dos motoristas que faziam serviços de transporte gratuitos.

Também fiquei bem impressionado com Audrey. Ela trabalhava na recepção do Bismarck, um hotel na Dakota do Norte onde eu apresentava um seminário. O tempo de que eu dispunha para chegar ao aeroporto depois do seminário era muito limitado. Eu também precisava enviar pelo correio um pacote para o meu escritório. Audrey imediatamente se encarregou desse serviço, preencheu todos os papéis necessários, pesou o pacote, sorriu e me assegurou de que cuidaria pessoalmente do assunto. Eu lhe agradeci efusivamente.

— Não há problema — ela respondeu —, é para isso que eu estou aqui.

Eu gosto de pessoas assim!

Beau também me deixou uma boa impressão. Ele tinha sempre um sorriso estampado no rosto, que diminuiu apenas quando ele acomodou minha pesada bagagem no furgão.

— Existe algum lugar a caminho do aeroporto onde possamos tomar uma boa xícara de café? — perguntei.

— Pode apostar que sim — respondeu ele.

Beau falou-me sobre sua paixão pelo teatro e das suas aspirações a atuar num palco. Ele já conseguira certo sucesso e estava entusiasmado com a possibilidade de ganhar um papel numa produção que estrearia, *Guys and Dolls*. Gostei da sua disposição. Ele não havia feito nada de especial, exceto fazer com que eu me sentisse bem durante a minha visita.

Estou na reta final da minha viagem de volta para casa. Enquanto o avião cruza o céu noturno, observo no corredor, à minha frente, uma menina de cabelos encaracolados e olhos azuis, de dois anos e meio de idade. Essa coisinha vibrante não havia percebido que já era noite. Ela cantava. Ela ria. Ela se virava para segurar a mão do pai e, fixando os olhos dele dizia: "Eu te amo, papai". Depois começou a cantar suavemente a sua canção do alfabeto. Pelo vão entre os assentos vejo a mãe dela sorrir, acenar em aprovação e lutar para ficar acordada.

Como será essa menina quando crescer? Será ela um adulto inflexível, ansioso, tenso, cansado? Ou, em vez disso, se parecerá com

Leonardo, Audrey, Beau ou Bill? Essa doce criança tem um milhão de opções a fazer enquanto se aproxima da idade adulta. Essas opções determinarão quem veremos dentro de vinte, trinta ou quarenta anos. Eu espero apenas que ela opte por ter como modelos pessoas que tenham feito escolhas responsáveis.

Imagine que você seja o adulto que essa menina escolheu como modelo para sua vida futura. Qual seria o resultado? Ela amaria a carreira que escolheu? Ela optaria por causar um impacto positivo na vida das pessoas com quem ela estará em contato? Ela continuará sorrindo e desfrutando inocentemente as pequenas bênçãos da vida? Ela enfrentará os desafios da vida com prazer e expectativa?

Eu concordo com a convicção de William Jennings Bryant: "Destino não é uma questão de sorte, mas uma questão de escolha. Não é algo para se aguardar. É algo para se conseguir". Você pode controlar seu destino e sua perspectiva da vida, seu emprego e as pessoas que você encontra. As escolhas que você faz hoje, amanhã e na próxima semana acabam determinando um estilo de vida que, ao final, define quem você se tornou, o que você faz e o que você tem.

Nós podemos optar por dar as boas-vindas a cada novo dia com interesse e curiosidade, como se fosse uma nova aventura, uma nova experiência. Nós também podemos optar por temer cada minuto que passamos acordados. Podemos escolher entre enxergar uma oportunidade em cada situação que encontramos ou uma crise prestes a acontecer. Podemos escolher entre sorrir — ou se zangar. Podemos escolher entre semear o medo, a dúvida e a aversão, ou semear a fé, a esperança e o amor. Podemos escolher entre enxergar as características positivas dos outros e achá-las interessantes e agradáveis ou identificar as características negativas e evitar nos relacionar com essas pessoas. O leque de opções é interminável.

Eu aprendi que você pode dar às pessoas uma posição ou um emprego, mas você não pode dar a elas as qualidades necessárias para que sejam bem-sucedidas. São as pessoas que decidem se desenvolverão ou não suas qualidades. Nada terá um impacto maior no futuro delas do que a sua decisão de desenvolver ou de ignorar as características de sucesso.

Para aprender a gostar do seu trabalho é preciso primeiro entender que você tem opções. Você é quem você é e está onde está devido às escolhas que fez. Se você quer que as coisas mudem, você deverá fazer escolhas melhores. Se você quer ser um modelo de felicidade, satisfação e contentamento, elimine as escolhas destrutivas que bloqueiam esses resultados positivos. Aja, caminhe, fale e tenha uma conduta igual à da pessoa que você idealizou se tornar. A única maneira de você realizar uma mudança é infundir em si mesmo uma sensação de urgência que o incite continuamente a prosseguir.

Escolha hoje ser o tipo de pessoa que aquela garotinha no avião ficaria entusiasmada em se tornar.

O conceito muito difundido de que o sucesso corrompe as pessoas, tornando-as fúteis, egoístas e condescendentes consigo mesmas é equivocado; ao contrário, ele as faz, na maioria das vezes, humildes, tolerantes e gentis. O fracasso torna as pessoas amargas e cruéis.

SOMERSET MAUGHAM

OS PASSOS PARA O SUCESSO

O sucesso é como o Cometa Haley. De vez em quando ele aparece.

ROSS PEROT
Dallas Times Herald

O sucesso pode simplesmente aparecer de repente, mas ele é com mais freqüência o resultado do esforço focalizado e concentrado. Margaret Thatcher, ao refletir sobre os anos que passara no governo, sugeriu: "Sucesso é ter um certo faro com relação às coisas que você está fazendo. Sabendo que nunca é o bastante, você consegue trabalhar com afinco e com um certo senso de propósitos".

Tom Morris, em seu livro *True Success*, oferece as seguintes orientações para se obter sucesso:

1. Uma idéia daquilo que você deseja. Isso significa uma visão, um objetivo ou uma série de objetivos, dos quais você tenha uma imagem mental bem definida.
2. A confiança de saber que você atingirá seu objetivo. Sem ela você nunca poderá superar os obstáculos.
3. Concentração naquilo que será necessário. Preparar, planejar e fazer. "O mundo tem mais participantes, mais catalisadores, agentes de mudança ..."
4. Constância naquilo que você faz. Seja teimoso e persistente — até mesmo após o fracasso.

5. Comprometimento emocional com aquilo que quer. Emerson disse: "Nunca se alcançou nada de grandioso sem que houvesse entusiasmo".
6. Um caráter de alta qualidade. A integridade inspira confiança e faz com que as pessoas "torçam" por você.
7. Capacidade para apreciar o processo. A jornada deverá ser tão divertida quanto desafiadora.

Eu mal conseguia esperar pelo sucesso — assim, eu fui em frente sem ele.

JONATHAN WINTERS

Como você pode ver, não há, evidentemente, nenhum segredo novo para alcançar o sucesso. Os princípios, o processo e as disciplinas para o sucesso existem desde o começo dos tempos. A conclusão é que não podemos desfrutar os benefícios do sucesso sem fazer sacrifícios. Aquelas pessoas que desejam acordar com o sucesso precisam primeiramente acordar. Esse é o único jeito de ter sucesso. "O sucesso, o verdadeiro sucesso em qualquer empreendimento", diz James Rouche, "exige mais do que a maior parte das pessoas está disposta a fazer — não mais do que elas são capazes de fazer." Em outras palavras, nenhuma sugestão, princípio, segredo ou estratégia funciona... se você não colocá-los em prática.

ABRA NOVOS HORIZONTES

✤

*Eu conheci um homem que agarrou
um gato pelo rabo e aprendeu
40 por cento mais sobre gatos do
que o homem que não fez isso.*

MARK TWAIN

NÃO É ASSIM TÃO RUIM!

Erros. Eu posso falar com a autoridade de quem tem experiência no assunto. Embora não defenda a postura de quem comete erros estúpidos de propósito, sem dúvida eu aprendi o que fazer e o que não fazer fazendo aquilo que não funcionava. E, se você está em busca dos seus objetivos ou tentando fazer coisas que nunca fez antes, provavelmente os erros se tornarão uma parte normal do seu repertório.

Os erros fazem bem a você. O professor de motivação Les Brown nos lembra que: "Para chegar aonde você não sabe que pode ir, você tem que cometer erros para descobrir o que não sabe". Sei que os erros podem causar embaraço, frustração e perda de tempo, porém eles também são professores maravilhosos. De fato, passar um período longo sem uma clássica "mancada" pode ser um sério indicador de que você parou de aprender, sufocou sua curiosidade ou acomodou-se em uma zona confortável. Isso significa que os seus anseios são pouco ambiciosos e você está deixando passar oportunidades de conquistar novos níveis de desempenho. Isso é perigoso. Na verdade, qualquer um desses fatores constitui um dos erros mais graves.

Todo grande erro tem um momento a meio-caminho, uma fração de segundo em que ele pode ser revisado e talvez remediado.

PEARL S. BUCK

Os erros são instrumentos de aprendizado, dores do crescimento e formadores de caráter que você encontra no caminho rumo à concretização dos seus objetivos. Eles são amigos que muitas pessoas prefeririam evitar. Quem deseja ser visto ao lado de uma pessoa conhecida como "estraga-prazer"? Esse amigo, no entanto, o ajudará a descobrir o quanto você é realmente bom. Como observou Nelson Boswell: "A diferença entre a grandeza e a mediocridade consiste muitas vezes na forma como a pessoa encara os erros".

Para ajudá-lo a manter seus erros em perspectiva, coletei alguns contratempos clássicos nos jornais, na Internet e em artigos enviados por amigos. Pode ser que os seus não pareçam tão ruins. Espero que você possa aprender algo com o desempenho dessas pessoas. No mínimo, você vai aprender a ter senso de humor. Goldie Hawn diz que: "Se você consegue rir de suas próprias fraquezas, você consegue seguir em frente. A comédia rompe barreiras. Ela torna as pessoas acessíveis, abertas. Se você é bom, você pode preencher essas aberturas com algo positivo. Pode ser que você possa diminuir um pouco a feiúra que existe neste mundo".

A revista *New Women* elegeu Linda Evans vencedora do concurso "Momento Mais Embaraçoso". Segue-se o relato, com que ela concorreu: "Era véspera de Natal e eu tinha ficado de pé o dia inteiro trabalhando atrás do balcão de uma perfumaria. Achei que eu deveria encontrar um lugar para me sentar um pouco. Vi uma lata de lixo de plástico alta e sentei-me sobre ela, descansando meus pés sobre uma caixa de papelão. Deixei que meu corpo deslizasse um pouco para dentro da lata. Foi então que alguns clientes vieram pagar suas compras no caixa, mas eu não consegui sair da lata de lixo. Fiquei entalada; mal podia acreditar. Os clientes deram a volta no balcão para me ajudar — alguns me puxaram pelos braços enquanto outros seguravam a lata. Foi quando o gerente veio até o balcão para ver o que estava acontecendo. Ele disse que chamaria os bombeiros, que logo entraram ao som de sirenes e luzes piscantes. Meus quadris haviam criado um vácuo; por isso, para me tirar da lata, eles tiveram de cortá-la com uma tesoura gigante". Estou certo de que Linda seria a primeira a admitir que seu erro colocou seu *derrière* numa encrenca.

Será que você gostaria de estar no lugar de Janice? Ela passou quase todo o seu período de férias tomando sol no telhado do hotel. Usou um traje de banho de duas peças durante os primeiros dias, mas sempre tirava os óculos de sol para ter um bronzeado uniforme no rosto.

Passados alguns dias, ela concluí que, como lá em cima ninguém poderia vê-la, poderia tirar o biquíni para obter um bronzeado uniforme em todo o corpo. Assim que se deitou numa posição confortável, ela ouviu o som de passos de alguém subindo rapidamente as escadas externas do hotel. Ela estava deitada de bruços; por isso apenas puxou a toalha sobre as costas.

— Desculpe, senhorita — disse o gerente do hotel, arfando e suado. — O hotel não se importa que a senhorita tome banho de sol no telhado, mas gostaríamos que vestisse novamente o maiô.

— Desculpe se violei alguma regra — Janice respondeu.

— Não se trata disto — o gerente disse calmamente. — É que você está deitada sobre a clarabóia do salão de jantar.

Ui!

O pastor de uma pequena igreja se orgulhava de se preocupar com as necessidades de seus paroquianos. Momentos antes de um culto dominical pela manhã, ele ouviu um homem se queixar de dores nas costas. A mulher do homem prontamente explicou que Jack estava se recuperando de uma cirurgia.

Durante a oração matinal, o pastor pensou em Jack e orou, pedindo que ele se recuperasse da cirurgia e "que todas as suas funções fossem plenamente restauradas". Ouviram-se risos abafados dentro da igreja.

A cirurgia a que Jack se submetera era uma vasectomia. Até mesmo as boas intenções podem se tornar erros inocentes.

Joe Lomusio registrou esse momento embaraçoso em seu livro *If I Should Die Before I Live*. Uma turista aguardava na fila para comprar um sorvete de casquinha na Thrifty Drugstore, em Beverly Hills. Para sua surpresa, Paul Newman se colocou justamente atrás dela na fila! Bem, aquela senhora, ainda que tomada de agitação, estava determinada a manter a compostura. Ela comprou o sorvete, virou-se com confiança na direção da porta e deixou a sorveteria.

Todavia, para seu horror, ela viu que havia saído de lá sem levar o sorvete! Ela aguardou alguns minutos até poder se acalmar, e então voltou à loja para reclamar o sorvete. Quando se aproximou do balcão, o sorvete não estava na pequena bandeja circular. Por um momento ela ficou parada ali, refletindo sobre o que poderia ter acontecido. Então sentiu que alguém lhe tocava gentilmente o ombro. Ao se virar, ela deparou com — você adivinhou! — Paul Newman. O famoso ator então disse à senhora que ela havia guardado o sorvete dentro da bolsa.

Num jogo decisivo de basquete, o Copley High School estava ganhando do Wadsworth por apenas dois pontos. Então, um fã do Copley usou uma estratégia de defesa que não estava nas regras do jogo. Quando um jogador do Wadsworth estava prestes a lançar um passe em direção à cesta, um estudante do Copley, de 16 anos de idade, puxou o calção do jogador até os joelhos. Esse foi um exemplo clássico de "alguém que foi apanhado com as calças arriadas".

O treinador do Wadsworth, John Martin, disse: "Era um momento crítico do jogo e o nosso time precisava ganhar. Você consegue imaginar como o nosso jogador poderia recuperar a concentração depois de ficar sem calção aos olhos de todos?"

Nós só conseguimos imaginar! Naturalmente, o estudante que usou a estratégia defensiva também não se saiu muito bem. Depois de ser acusado de interromper um passe legítimo e de conduta indisciplinada, a escola suspendeu o rapaz por um número não especificado de dias e o proibiu de participar das atividades extracurriculares.

Imagine esta cena. Um homem decidiu aproveitar a ausência da mulher para pintar o assento do vaso sanitário. Terminado o trabalho, ele foi até a geladeira para pegar uma bebida gelada.

A mulher voltou para casa antes do esperado e foi diretamente para o banheiro. Sentou-se e o assento ficou grudado em seu traseiro. Naturalmente ela entrou em pânico. Gritou para que o marido a socorresse e ele imediatamente cobriu-a com um sobretudo para ocultar o assento sanitário e levou-a ao consultório de um médico. No consultório, o marido ergueu o casaco para revelar a situação embaraçosa. Ele olhou para o médico e perguntou:

— O senhor já viu algo assim antes?

— Bem, já — respondeu o médico —, mas nunca com uma moldura.

Na próxima vez em que você se sentir tentado a lamentar pelos seus erros, reflita sobre os erros grosseiros e ridículos cometidos pelas outras pessoas. Seus deslizes e suas mancadas talvez passem a não parecer tão ruins. De qualquer forma, Charles Handy sugere: "Não é o erro que nos machuca, mas a virtude de confessá-lo que conta".

"Ninguém comete erros de propósito", diz Leo Burnett, dono da agência de propaganda Leo Burnett, Inc. "Quando você comete um erro, você não deve deixar que ele o martirize, mas deve confessá-lo rapidamente para que possa lidar com ele. Assim você dormirá melhor, também."

SUPERE SEUS MEDOS

De acordo com artigo publicado no *Chicago Tribune,* cujo título era "Sinal dos Tempos", atiradores de elite da polícia cercaram um carro em Rochester, Nova York. No assento traseiro do carro estava um homem armado com um rifle. A polícia tentou negociar com o homem, mas ele se recusou a responder. Os policiais observaram e aguardaram pacientemente até que, finalmente, começaram a ficar desconfiados. Eles fizeram uma descoberta surpreendente: o homem armado no assento traseiro era um manequim.

Quando o proprietário do carro foi encontrado, ele disse às autoridades que deixava o manequim no carro por segurança. "Não há outro jeito!", disse ele. "Com a onda de roubo de carros, ajuda se acharem que você está levando um passageiro."

Sem dúvida alguma vivemos numa era de medo. Horace Fletcher disse: "O medo é um ácido que é borrifado na atmosfera. Ele causa asfixia mental, moral e espiritual, e algumas vezes, a morte; a morte do entusiasmo e de todo crescimento". O medo aprisiona as pessoas. O medo nos impede de ir além de onde estamos e de realizar o nosso potencial.

A insegurança das pessoas chega ao máximo quando elas ficam obcecadas pelos seus medos, à custa dos seus sonhos.

NORMAN COUSINS

"O medo, até certo ponto", diz Zig Ziglar, "faz de todos nós proteladores e covardes." Todos tendemos a ter um manequim que nos proteja dos nossos medos.

Os manequins se apresentam na forma de baixas expectativas, do medo de assumir riscos, do desejo de evitar conflitos em potencial, da apreensão diante de novas responsabilidades, da negação da realidade da mudança ou da colocação de barreiras ao redor de nós mesmos. Esses manequins que nos protegem do medo fazem com que nos contentemos com menos do que somos capazes e nos impedem de gozar a vida em toda a sua plenitude. Como disse Edmund Burke: "Nenhuma outra paixão rouba da mente o seu poder de agir e de raciocinar como o faz o medo".

O psiquiatra suíço Paul Tournier concorda: "Todos nós temos reservas do nosso potencial completo, vastas áreas de grande satisfação; porém, o caminho que leva a essas reservas é vigiado pelo dragão do medo".

Essa poderosa barreira, que sabota a vida e rouba a aventura, está dentro de você. Não é o mundo... não são as circunstâncias de sua vida... não é o seu emprego... não é o seu passado ou as pessoas do presente. É o medo dentro de você. A má notícia é que o medo permanece conosco até mesmo quando não existe razão real, concreta ou visível para isso.

A boa notícia é que o medo é algo que se aprende; portanto, ele pode ser desaprendido. "A maioria dos medos é resultado da ignorância", diz Brian Tracy. "Quanto maiores forem os seus conhecimentos e habilidades em qualquer área, menos medo você terá." É preciso coragem para vencer esse medo que é fruto da ignorância, porém, Karl A. Menninger nos lembra de que "Os medos são incutidos em nós por meio da educação e podemos, se quisermos, nos educar para expulsá-los".

O primeiro e o mais difícil passo para conseguir superar o medo é agir com coragem. O dirigente do boxe profissional Cus D'Amato sugeriu: "Tanto o herói como o covarde sentem medo, mas apenas o herói enfrenta o medo e o converte em força". Todos nós sentimos medo de uma maneira ou de outra. Mas somente o vitorioso salta de cabeça, consciente do que está fazendo.

Em 1958, Woody Allen tinha uma carreira lucrativa como escritor de comédias para televisão. Ele ficava nos bastidores, porque seu maior medo era aparecer diante de uma platéia. Além disso, o salário de 75 dólares por semana que ganhava um comediante era apenas uma parcela simbólica dos 1.700 dólares que ele ganhava para escrever o roteiro. Não obstante, Allen seguiu o impulso de ir além do que ele fazia. Ele passava mal antes de qualquer espetáculo. Ele era aplaudido, vaiado, escarnecido e aclamado, mas quem entendia de comédia o reverenciava, dizendo que ele tinha um talento natural. "O talento não é nada", disse Allen. "Você nasce com talento da mesma forma que os jogadores de basquete nascem altos. O que conta realmente é a coragem. Você tem coragem de usar o talento com que nasceu?"

O grande compositor Ludwig van Beethoven viveu grande parte da vida com o medo da possibilidade de ficar surdo. Como alguém poderia criar uma obra-prima musical sem poder ouvi-la?

Quando aquilo que ele mais temia aconteceu, Beethoven entrou em desespero. Ele consultou os especialistas de sua época e tentou todos os remédios prescritos. Nada funcionou.

Em pouco tempo, Beethoven passou a viver num mundo de total silêncio. Ele reuniu toda a sua coragem para superar o medo e a realidade de sua surdez, para compor algumas das mais belas obras-primas da música. O silêncio acabou com tudo o que podia distraí-lo e as melodias fluíram como nunca. Aquilo que ele mais temia tornou-se uma dádiva.

Quando confrontadas com seus medos, muitas pessoas descobrem que o medo que sentem de ter medo é, na verdade, o único medo. Como Logan Pearsall Smith definiu: "O que é mais mortificante do que sentir que você deixou de ter a ameixa por falta de coragem de sacudir a árvore?" O medo pode ter a poderosa capacidade de nos fazer recuar, de manter nossos talentos reprimidos e de fazer com que não alcancemos o fruto da vida.

De modo algum eu desejo passar a você a impressão de que o medo pode ser dominado definitivamente. Cada vez que traz o seu medo à tona, você tem que combater o que diz a si mesmo, sua imaginação, suas expectativas e as lembranças de experiências passadas. Faça um exercício mental considerando aquilo que pode acontecer de pior e o melhor que pode acontecer se você for bem-sucedido. O medo não é vencido simplesmente se pensarmos de maneira positiva. Se formos realistas, uma situação potencialmente opressiva pode ser desafiadora, mas possível.

A ação reduzirá a ansiedade e a tensão e resultará numa confiança e num controle cada vez maiores.

Eleanor Roosevelt dizia: "Eu acredito que qualquer pessoa pode dominar o medo se fizer as coisas que teme e continuar a fazê-las até deixar um rastro de experiências bem-sucedidas atrás de si".

Compreenda que o medo faz com que você se acomode, impedindo-o de conseguir tudo o que a vida reservou para você. A ação o impele a superar essas limitações e caminhar rumo ao seus sonhos e objetivos. Supere seus medos, siga na direção daquilo que você quer e aja como se fosse impossível fracassar.

Sucesso, na verdade, significa olhar o fracasso de frente e, mesmo assim, jogar os dados. Você pode ser a única pessoa que saberá algum dia o resultado dos dados, mas com esse conhecimento em mãos você terá algo que milhões de pessoas nunca terão — porque elas tiveram medo de tentar.

WRITER'S DIGEST

SEJA MEMBRO DE UMA EQUIPE

✸

As pessoas estão tocando instrumentos diferentes seguindo partituras diferentes; mas quando tocam juntas seguindo a mesma partitura, criam belas harmonias, criam algo de valor.

C. WILLIAM POLLARD
The soul of the firm.

SEMEIE A CONFIANÇA

Você confia nas pessoas com quem trabalha? Elas confiam em você? As respostas a essas duas perguntas revelarão a qualidade do seu ambiente de trabalho. J. W. Driscoll disse: "A confiança tem demonstrado ser o prognóstico mais significativo da satisfação das pessoas com a empresa em que trabalham".

A confiança entre colegas de trabalho não é apenas uma delicadeza; a confiança é um componente imprescindível para que os relacionamentos cresçam. "Sem confiança, não pode haver nenhuma cooperação entre as pessoas, equipes, departamentos ou divisões", escreveu o especialista em qualidade Edwards Deming. "Sem confiança, cada componente protegerá seus próprios interesses imediatos em detrimento do seu próprio desenvolvimento a longo prazo, e em detrimento do sistema inteiro." Pondere sobre esse conselho de uma pessoa que ajudou inúmeras companhias a buscar um alto desempenho. A experiência de Deming revelou a importância universal da confiança quando se trata de qualidade, inovação, serviços e produtividade.

Os ambientes em que o nível de confiança entre as pessoas é baixo tem de enfrentar reviravoltas repentinas, grande número de

> *Você pode aprender boas maneiras para lidar com as pessoas, mas você não pode aprender a confiar nas pessoas. E você precisa confiar para se sentir à vontade com elas.*
>
> PETER DRUCKER

faltas entre os funcionários, conflitos não-resolvidos, moral baixo, clientes insatisfeitos e lucros menores. Em ambientes onde há pouca confiança, as pessoas só dizem o que queremos ouvir. Há apatia, fofoca e deslealdade. As pessoas estão sempre se defendendo, estabelecendo territórios e negando-se a assumir a responsabilidade pelos erros cometidos. As pessoas vivem com medo e desconfiança. As conseqüências que advêm daí são ilimitadas, inevitáveis e extremamente negativas.

O dicionário *Webster* define a palavra confiança do seguinte modo: "segurança firme quanto ao caráter, à capacidade, ao poder ou à confiança de alguém ou de alguma coisa". Em outras palavras, confiança significa ter fé ou acreditar em alguém ou em alguma coisa. Embora sejamos, de um modo geral, uma geração que confia, estou inclinado a achar que estamos passando por uma época significativa da História. A desconfiança e o ceticismo estão substituindo sutilmente a crença e o talento.

Em *A Hope That Will Not Disappoint*, Bill Kynes escreve:

"Nós achávamos que podíamos confiar no Exército,
    mas então veio o Vietnã;
Achávamos que podíamos confiar nos políticos,
    mas então veio o Watergate;
Achávamos que podíamos confiar nos engenheiros,
    mas então veio o desastre do *Challenger*;
Achávamos que podíamos confiar nos corretores,
    mas então veio a Segunda-Feira Negra;

Achávamos que podíamos confiar nos pregadores,
  mas então veio o PTL e Jimmy Swaggart.
Então, em quem podemos confiar?"

Sem dúvida alguma, podemos acrescentar a essa lista eventos mais recentes que nos desencorajam a confiar.

"A confiança é um risco calculado que alguém faz com os olhos abertos para as possibilidades de fracasso", diz Robert Levering. "Mas ela é prolongada pela expectativa de sucesso."

Essa importante qualidade das empresas e dos relacionamentos pode ser ilustrada pelo acordo feito entre um tubarão e um peixe-piloto. Os tubarões são conhecidos pelo seu paladar pouco exigente e por devorar qualquer ser vivo que habite os oceanos, isto é, com exceção do peixe-piloto. Em vez de devorá-lo, os tubarões convidam o peixe-piloto para partilhar sua refeição e para servir como um palito automático, devorando os restos do alimento alojados entre os dentes do tubarão. Um coopera com o outro; o tubarão tem seus dentes limpos e um *check-up* dentário melhor, enquanto o peixe-piloto garante sua refeição. Os dois peixes ficam satisfeitos ao final do encontro.

Levering afirma que a confiança é, em primeiro lugar, um risco calculado. Em segundo lugar, ela é prolongada pela expectativa de sucesso. Assim acontece com o tubarão e com o peixe-piloto. Primeiramente, o peixe-piloto confia que o tubarão não o devorará e cada peixe sabe que, se houver cooperação, suas necessidades serão satisfeitas.

Tenho contratado centenas de pessoas ao longo dos últimos 25 anos e me ative a uma regra fundamental: acreditar e confiar nas pessoas até que elas me provem que não são confiáveis. Em outras palavras, a confiança começa comigo; com a minha disposição para confiar incondicionalmente nas outras pessoas. Isso vai de encontro à crença comum de que é melhor esperar que as pessoas provem que são confiáveis antes de se confiar nelas. Confiança gera confiança. Desconfiança gera desconfiança. A maneira mais segura de ajudar uma pessoa a provar que é confiável é confiar nela.

Em seu livreto *Illustrations of Bible Truth*, H. A. Ironside prova a tolice que é julgar os outros. Ele relata um incidente na vida de um homem chamado Bishop Potter. "Ele estava viajando para a Europa a bordo de um dos grandes transatlânticos. Quando subiu a bordo do navio, descobriu que outro passageiro dividiria a cabine com ele. Após examinar as acomodações, ele procurou o oficial encarregado do cofre e lhe perguntou se poderia deixar seu relógio de ouro e outros valores no cofre do navio. Ele explicou que, em condições normais, ele nunca exigiria tal privilégio, mas ele fora até a cabine e encontrara o homem que ocuparia o outro beliche. A julgar pela aparência do homem, ele temia não se tratar de uma pessoa muito confiável. O oficial concordou em guardar os objetos de valor no cofre e comentou: "Tudo bem, senhor. Eu cuidarei disso com prazer. O outro passageiro também esteve aqui há pouco e deixou seus valores aqui pela mesma razão".

A confiança é um jogo de risco e aquele que aposta primeiro acabará vencedor.

Você pode ajudar a aumentar a confiança entre as pessoas no seu ambiente de trabalho. Incorpore os sete princípios seguintes às suas atividades diárias.

1. **Ouça as pessoas.** Tente entender os sentimentos, as perspectivas e as experiências dos outros. Respeite sempre o caráter confidencial dos assuntos delicados e particulares. Procure conhecer as idéias das outras pessoas. Nós confiamos nas pessoas que fazem uma tentativa sincera de entender quem somos e o que pretendemos.

2. **Seja uma pessoa solícita.** Quando temos tempo para as outras pessoas, reconhecemos seus esforços, comemoramos suas conquistas e valorizamos suas opiniões, desenvolvemos um laço de confiança. Procure conhecer os talentos e habilidades daqueles com quem você trabalha e diga-lhes o que você vê. Não gaste tempo demais com seus próprios compromissos nem vise somente ao seu bem-estar pessoal.

3. **Mantenha a integridade.** Demonstre por meio de atitudes que as pessoas podem acreditar naquilo que você diz, podem confiar que você cumprirá suas promessas e podem ter certeza de que você será franco com elas. Em outras palavras, faça o que prega. Assegure-se de que suas atitudes e ações sejam coerentes com o que você diz. Esse é provavelmente o método mais seguro para conquistar a confiança das pessoas.

4. **Deixe de ouvir e alimentar fofocas.** Mentiras, exageros e maledicência acabam rapidamente com a confiança. Investigue os fatos. Contente-se só com a realidade, não com o "ouvir dizer". Nem sempre é fácil encarar a realidade, porém, consertar os estragos causados por informações equivocadas é sempre penoso. Cultive o hábito da comunicação direta, aberta e honesta.

5. **Respeite os valores das outras pessoas.** A diversidade é um fato da vida. Você não pode ignorá-la. Embora você possa não concor-

> *A melhor prova de amor é a confiança.*
>
> JOYCE BROTHERS

dar com o estilo de vida de uma pessoa, aprenda a respeitar a posição dela. Quando você descobre e aprecia as crenças das outras pessoas, é possível desenvolver um relacionamento saudável com elas. Pessoas de mente estreita raramente desenvolvem relacionamentos abertos.

6. **Preocupe-se com as pessoas.** Isso parece tão simples, contudo, tendemos a nos envolver de tal maneira com os afazeres e exigências do dia-a-dia, que as necessidades das outras pessoas freqüentemente ficam em segundo plano. A recompensa pelo interesse que demonstramos pelo bem-estar de outra pessoa é sempre gratificante. Ajude os outros a atingir seus objetivos e a manter sua auto-estima. A consideração, o respeito, a gentileza e a fé nas pessoas produzirão sucesso e confiança.

7. **Conserte as cercas quebradas.** Esteja disposto a admitir os erros. Peça desculpas. Restaure a paz quando os conflitos causaram tensão. Feridas abertas infeccionam e contaminam os relacionamentos. Resista à tentação de apontar um dedo acusador quando as coisas vão mal. Assuma sua responsabilidade pessoal. Repare os males causados.

Assim como todos os outros componentes do relacionamento, não existe uma fórmula mágica para fazer com que a confiança surja repentinamente. A confiança não é algo a que dedicamos atenção somente das oito da manhã às cinco da tarde; ela requer um modo de vida que expresse constantemente, no mínimo, esses sete princípios centrais para edificar a confiança. É necessário um grande comprometimento para desenvolver a persistência, a paciência e a disciplina com vistas a manter um relacionamento ao longo de toda a jornada. A confiança é a base desse esforço e a constância é o caminho que o leva até lá.

NÓS SOMOS A EQUIPE

Um dos benefícios e responsabilidades mais negligenciados no trabalho em equipe é o modo como colaboramos com os outros membros da equipe. Equipes dinâmicas são compostas por pessoas que tendem a realmente se esforçar para que a equipe apresente um bom desempenho. Quando os membros da equipe não pensam dessa forma e não mantêm vivo esse sentimento até o fim, isso se reflete na imagem de toda a equipe. Deixe-me explicar o que quero dizer.

Uma escala de três horas e meia no aeroporto O'Hare, de Chicago, numa tarde quente e ensolarada de abril não está na lista das "Dez Coisas que Eu Mais Desejaria Fazer!" Ao descer do avião, minha mente procurava idéias que me ajudariam a suportar essa espera tediosa. O hábito de observar as pessoas prendeu minha atenção por algum tempo e, então, me vi procurando outras formas de passar o tempo.

As livrarias sempre atraem minha atenção e com freqüência esvaziam meu bolso. Encontrei uma, a pouca distância do meu portão de embarque, e decidi passar ali algum tempo correndo os olhos pe-

> *A medida mais importante para avaliar se joguei bem uma partida é saber até que ponto colaborei para meus parceiros jogarem melhor.*
>
> BILL RUSSELL

los títulos mais recentes, lendo algumas páginas aqui e ali, e "experimentando" a mercadoria. Convencido de que já se passara uma hora, voltei para o corredor e espiei o relógio. Parecia ter parado. Não, espere, o ponteiro menor estava se movendo. Apenas doze minutos tinham se passado. E agora?

O aroma de café fresco é uma segunda tentação a que sucumbo freqüentemente. Comprei a maior xícara que havia, um doce folhado igualmente tentador e decidi ir sentar-me na área próxima ao portão de embarque e ali aguardar a chamada para o embarque.

Ao me encaminhar para a área no final do terminal "B", meu olhar se fixou num homem jovem sentado numa cadeira de rodas, vestindo um casaco pesado, fechado até o pescoço. Sua cabeça estava inclinada para trás, os olhos cerrados, e ele, evidentemente, dormia profundamente.

"Que tristeza", pensei comigo mesmo. "Eis aqui um jovem que poderia estar fazendo algo de bom na vida. Em vez disso, ele não tem onde morar e vem para o aeroporto para descansar de suas atividades noturnas."

Continuei lendo um livro que havia trazido para ler durante a viagem, lançando de vez em quando um olhar para o corpo flácido, que não havia se movido desde que eu me sentara ali.

"Com o que ele poderia estar sonhando?" "Para onde iria quando finalmente acordasse?" "O que o esperava no final do dia?"

— Oi, Jimmy! — uma voz possante ecoou atrás de mim.

O jovem acordou assustado.

— Você está de folga?

— Não — respondeu ele um pouco tonto. — Não vê que estou trabalhando?

— Então preciso que você leve essa senhora na cadeira de rodas até o portão B-2. Ela deverá pegar um avião dentro de 15 minutos.

— Ora essa — ele respondeu enquanto tirava o casaco lentamente e o atirava no banco mais próximo.

Para minha surpresa, ele trajava o uniforme da companhia aérea pela qual eu estava viajando. Tive que sorrir. Aqui estava eu, julgando e estereotipando sem ter conhecimento dos fatos. O mais triste é que os fatos eram tão ruins como as minhas conclusões equivocadas. O que eu havia acabado de presenciar tinha de ser um infeliz acaso.

Dizer que ele estava entusiasmado em cumprir com suas obrigações seria um exagero. Seus olhos estavam abertos, sua mente, porém, não avisara seus pés para que começassem a funcionar. Ele arrastava os pés atrás da cadeira de rodas, empurrando lentamente a senhora idosa até o seu destino.

Continuei colado ao meu assento, observando como essa situação se desenrolaria. A senhora, na cadeira de rodas, chegaria a tempo para pegar seu vôo? Jimmy voltaria para continuar a soneca? Como os empregados da companhia aérea reagiriam?

Quando Jimmy voltou (o que ele fez tão lentamente quanto havia saído), alguns colegas se aproximaram dele.

— Jesus, eu odeio quando uma velha me acorda — ele disse aos amigos. — Eu estava tirando uma soneca daquelas. A propósito, que horas são?

> *O principal ingrediente do estrelato é o resto do time.*
>
> JOHN WOODEN

Quando acabou de conversar com os colegas, ele pôs novamente o casaco, fechou-o com o zíper e voltou a dormir.

Eu não podia crer em meus ouvidos. Essa pessoa não era alguém que não tinha onde morar, não era uma pessoa indesejada, destituída de seus direitos. Ele era um empregado de companhia aérea, aborrecido com a necessidade de acordar e fazer o seu trabalho. Uma hora depois, quando deixei o local, ele dormia com a boca aberta roncando e tossindo ruidosamente. Nenhum outro funcionário questionou sua postura ao passar por ele. Ele vivia e trabalhava (eu estou usando a palavra incorretamente) em seu mundo particular.

Passei a viagem toda pensando em como o comportamento de Jimmy havia denegrido a minha imagem da companhia aérea como um todo. Nenhum dos colegas de Jimmy lhe fez nenhum comentário sobre seu comportamento preguiçoso, letárgico, não-profissional. Eu imaginava se eles teriam compreendido qual era a impressão que ele transmitia para os demais empregados da companhia. Eles realmente desejariam ter sua imagem associada a tamanha incompetência?

Quanto mais eu pensava, mais irritado ficava. Mas espere um minuto! Quantas vezes somos culpados por justificar o desempenho de membros de nossas equipes com explicações do tipo: "Jimmy é assim mesmo"; "Mary sempre foi uma pessoa negativa"; "Pete simplesmente não joga no nosso time"; "Sally nunca foi muito animada".

Segundo o treinador John Wooden, se cada jogador não aceitar o seu papel e não desempenhá-lo da melhor maneira possível, "o grupo todo irá sofrer". Por meio da nossa participação ativa e constante, podemos ajudar nossa equipe a desenvolver uma imagem de sucesso.

PRATIQUE A ARTE DO ESTÍMULO

O colunista Bob Greene perguntou ao grande astro do basquete Michael Jordan por que ele queria que o pai ficasse na arquibancada durante um jogo de basquete. Jordan respondeu:
— Quando ele está lá, eu sei que tenho pelo menos um fã.

Não importa o quanto você seja forte, confiante, popular ou competente, sentir o apoio de um fã leal pode ser exatamente o estímulo de que você precisa para enfrentar um novo desafio, um projeto difícil ou até uma tarefa aborrecida.

Da mesma forma, você pode ser esse fã leal para as outras pessoas. Muitas vezes ficamos tão preocupados por não sermos capazes de fazer grandes coisas por alguém, que deixamos de fazer pequenas coisas que podem ser igualmente significativas e eficazes. Uma dessas "pequenas coisas" que você pode fazer é oferecer estímulo. Alguém disse certa vez: "O estímulo é o combustível do amanhã". O estímulo recompensa as pessoas pelo que elas são e lhes dá esperança para fazer tudo o que podem fazer e tornar-se tudo o que podem ser.

Muitos anos atrás, uma experiência interessante foi feita para avaliar a capacidade das pessoas de suportar a dor. Os psicólogos es-

Lisonjeie-me, e eu posso não acreditar em você. Critique-me, e eu posso gostar de você. Ignore-me, e eu posso não perdoar você. Encoraje-me, e eu não me esquecerei de você.

WILLIAM ARTHUR WARD

tavam interessados em medir o tempo que uma pessoa descalça conseguia ficar com os pés mergulhados num balde cheio de água gelada. (Qualquer pessoa que algum dia sofreu uma luxação no tornozelo conhece o mal-estar que isso provoca.) Em todo caso, os resultados da experiência indicaram que um fator afetou significativamente a capacidade de algumas pessoas de suportar a dor pelo dobro do tempo. O fator comum era o estímulo. Aquelas pessoas que tinham alguém por perto proporcionando apoio e estímulo foram capazes de suportar a dor por muito mais tempo do que aquelas que ficaram sozinhas.

Todos sabemos como um pequeno gesto, um comentário amável, uma palavra de estímulo, um breve cumprimento ou elogio por um trabalho bem-feito pode causar uma grande diferença na vida de alguém. No entanto, nem sempre encontramos tempo para transmitir às pessoas nossos pensamentos sinceros e presenteá-las com um pouco de felicidade.

Arranje um cartão. Pense em alguém com quem você trabalhe e que poderia ser beneficiado com uma mensagem pessoal que o fizesse se sentir bem consigo mesmo. Escolha qualquer qualidade, talento ou atitude que você tenha observado na vida dessa pessoa. O que existe nela que você aprecia? Por que você está feliz por ter o privilégio de trabalhar com ela? O que ela fez esta semana que o fez sorrir, amenizar suas preocupações ou o ajudou no trabalho de equipe?

Dê um tom pessoal à mensagem. Chame a pessoa pelo primeiro nome. Escreva sua mensagem de estímulo na primeira pessoa e diga como você se sente com relação a ela. Seja tão preciso quanto possível. Orison Swett Marden acreditava que: "Não existe investimento que dê tanto retorno quanto o esforço de espalhar o brilho do sol e o bom astral por toda a empresa". Isso é exatamente o que esse pequeno exercício pretende conseguir.

Ajude as pessoas a acreditar em si mesmas. Aumente a confiança e a auto-estima delas. Faça um esforço concentrado para que as pessoas se sintam apreciadas e importantes. Comemore o sucesso dos outros e se entusiasme com ele. Seja um líder de torcida. Ressalte os esforços e as contribuições que elas fazem. Traga um raio de sol com você quando for trabalhar a cada dia, e o espalhe generosamente por todos os lugares em que for.

Você pode ser um herói em sua empresa tornando-se um estímulo para todos, uma pessoa que revigora o ânimo em todos que o cercam. Faça disso um modo de vida, não um acontecimento excepcional ou esporádico.

Todos nós precisamos de estímulo. Podemos viver sem ele, como uma árvore pode viver sem fertilizantes, porém, a não ser que recebamos esse nutriente animador, nunca realizaremos todo o nosso potencial e, como a árvore que é deixada à própria sorte, nós raramente produziremos frutos.

FLORENCE LITTAUER

SOLTE-SE, ALEGRE-SE, DIVIRTA-SE!

✸

Um ambiente de trabalho divertido é muito mais produtivo do que um ambiente rotineiro. As pessoas que apreciam o trabalho que fazem têm mais idéias. A diversão é contagiante.

ROGER VON OECH

A COMISSÁRIA DE BORDO INTERESSANTE

"Bom dia, senhoras e senhores! Bem-vindos a bordo do vôo 548 da United Airlines, direto de Palm Springs para Chicago."

Espere um minuto! Minha mente dispara. Eu sei que é cedo, 6:50h da manhã para ser exato, mas eu tinha certeza de que o destino desse vôo era Denver.

"Agora que consegui prender a atenção de vocês", continuou a voz, "meu nome é Annamarie e serei sua comissária de bordo hoje. Na verdade, estaremos a caminho de Denver e, se vocês não planejavam ir para lá, agora é um bom momento para deixar o avião.

"A segurança é importante para nós, assim, retirem por favor o cartão com instruções de segurança que se encontra no bolso da poltrona em frente e conheçam os procedimentos. Vamos, todos, apanhem esses folhetos e os agitem no ar! (70% dos passageiros riem e fazem o que lhes é mandado, 20% ainda não acordaram e os outros 10% são mal-humorados). Obrigada. Obrigada.

"Na eventualidade de pousarmos na água por engano, é preciso tomar uma decisão. Vocês podem rezar e nadar como loucos ou usar o seu assento para flutuar.

Eu sempre fui capaz de ganhar o meu sustento sem fazer qualquer trabalho. Eu gostei de escrever livros e matérias para revistas: isso era simplesmente um bilhar para mim.

MARK TWAIN

"Serviremos o desjejum durante o vôo. No menu consta ovos à benedictine e crepes de fruta ...não é bem isso, mas parece ótimo para mim. Todavia, as comissárias oferecerão a opção de omelete ou cereais frios."

William Faulkner certa vez lamentou: "A coisa mais triste na vida é que a única coisa que podemos fazer durante oito horas do dia, dia após dia, é trabalhar. Não podemos comer durante oito horas por dia ou beber durante oito horas por dia ou fazer amor durante oito horas por dia. Tudo o que podemos fazer num período tão longo é trabalhar, e esse é o motivo que faz do homem um ser infeliz e faz com que todos se sintam tão miseráveis e infelizes".

Eu sou grato pelo fato de a comissária de bordo do vôo 548 não ter a mesma atitude que Faulkner a respeito do trabalho. Era evidente que ela gostava do que fazia. Seu jeito animado de encarar uma rotina normal, um procedimento de decolagem aborrecido, cativou os passageiros. Pense nos inúmeros benefícios que as pessoas teriam se encarassem de forma positiva as suas rotinas normais.

John Maxwell resumiu isso muito bem ao dizer: "Eu optei por me divertir. O divertimento dá prazer. O prazer leva à participação. A participação focaliza a atenção. A atenção amplia a consciência. A consciência aumenta a introvisão. A introvisão gera o conhecimento. O conhecimento facilita a ação. A ação produz resultados".

MANTENHA O SEU TRABALHO EM PERSPECTIVA

Eu quase me sinto embaraçado por admitir isto, porém há cerca de um ano eu me peguei revendo *Mighty Ducks* e me divertindo com esse filme de grande sucesso de Disney, sobre um jovem time de hockey que sai do anonimato e vira celebridade.

O filme começa com uma retrospectiva que mostra um treinador de hockey exigente, duro e dominador, convencendo um jovem jogador, Gordon Bombay, a tentar bater um pênalti decisivo. "Se você falhar nessa cobrança", ele diz, "você me decepcionará e decepcionará o time!" O jovem assustado ajeita o disco, aplica o seu melhor golpe e quase consegue o gol. O fardo dessa derrota e a vergonha por desapontar o time deixou uma marca em Gordon Bombay que durou muitos anos.

Por acaso, Bombay tornou-se treinador de um grupo de jovens belicosos chamado District Five Ducks. Eles sabem que são maus e Bombay reforça todo o mal que eles pensam de si mesmos. Ele os repreende, os insulta, ensina-lhes a enganar e os pressiona continuamente a satisfazer expectativas irreais. Ele se torna um treinador igual àquele que teve em sua juventude... e odeia isso.

O mestre na arte de viver faz pouca distinção entre trabalho e divertimento, labor e lazer... Ele mal sabe dizer qual é qual.

JAMES A. MICHENER

Gordon Bombay aos poucos aprende que se divertir sobre o gelo é um objetivo válido para qualquer jogador ou treinador. Os Mighty Ducks aprendem a acreditar em si mesmos, apóiam uns aos outros, aperfeiçoam suas técnicas e divertem-se jogando hockey. Bombay trabalha com afinco para infundir o prazer do jogo em seus jovens patinadores e, na parte final do filme, ele leva o seu time de Ducks para um jogo extra do campeonato. O time oponente, que tem uma classificação melhor no *ranking*, é grande, duro, bruto e seu treinador não é outro senão o antigo treinador de Bombay, Jack Riley.

A estratégia de Riley não havia mudado em nada. Ele repreende. Insulta. Ameaça. A abordagem de Bombay era diferente. "Mais diversão! Mais diversão!", o time entoava no meio da multidão desordenada, com Bombay liderando a torcida.

Os Hawks e os Ducks empatam quando soa o apito final. Porém, um dos Hawks havia feito falta sobre um jogador Duck, dando aos Ducks o direito de cobrar um pênalti — uma chance de vencer o campeonato.

O treinador Bombay escolhe Charlie Conway para a cobrança. O diálogo emocionante entre Bombay e Charlie é exatamente o oposto da conversa da cena de abertura do filme. "Você pode acertar ou não acertar", o treinador Bombay diz a Charlie. "Mas isso não tem importância. O que importa é que estamos aqui. Olhe em volta. Quem pensaria que um dia chegaríamos tão longe? Dê a sua melhor batida. Eu acredito em você, Charlie, quer ganhemos, quer não."

Charlie sorri, aceita o desafio e manda o disco para dentro do gol adversário. Os Ducks vencem o campeonato.

Eu gosto muito desse filme porque ele retrata o tipo de ambiente e a mensagem que as nossas empresas e a nossa carreira profissional precisam. Certa vez, Willie Stargell, o astro aposentado do beisebol, comentou que no começo de um jogo de bola você nunca escuta um árbitro gritar: "Trabalhe a bola!" É claro que não. Eles sempre gritam: "Jogue a bola!" Deixe-me levar esse assunto um pouco mais longe. Eu imagino o que aconteceria se as pessoas com quem você trabalha começassem cada dia de trabalho lembrando a si mesmas, "Eu vou jogar hoje". O trabalho seria um jogo excitante, divertido e maravilhoso.

Em vez disso, eu encontro pessoas de carreiras diversas que lutam contra:

- A baixa auto-estima
- Sentimentos de opressão causados pelo trabalho e pelas exigências das pessoas
- A incerteza quanto ao futuro
- Os sentimentos de que são incapazes de tornar as coisas melhores
- Negócios improdutivos
- A falta de sentido e de satisfação no trabalho
- A rotina, a monotonia e o tédio.

As pessoas dizem que não têm mais tempo para se divertir, ou que mal podem esperar pelo fim de semana para poder viver de novo. Outras pessoas encaram o trabalho como uma interrupção entre os momentos de lazer. Pressão, *stress* e perda de controle ainda assom-

> *Aprecie o que você está fazendo e não pare... Prefiro ser um fracasso em algo que eu aprecio do que um sucesso em algo que eu odeio.*
>
> GEORGE BURNS

bram alguns. Edward L. Bernays nos lembra: "Nunca deixe que uma dicotomia comande a sua vida, uma dicotomia na qual você odeia o que faz para poder ter prazer em seu tempo livre. Busque uma situação na qual seu trabalho lhe dê tanta felicidade quanto lhe dá o seu tempo livre". Que conselho maravilhoso!

Mighty Ducks tende a colocar as coisas na devida perspectiva. O trabalho deve ser algo que você aprecie. Na verdade, quando você aprende a relaxar, apreciar o dia, aperfeiçoar suas aptidões, dar o melhor de si e cuidar daqueles que o cercam, tudo isso resultará numa sensação renovada, de satisfação. Experimente. Veja por si mesmo que a panela de pressão onde muitos de nós trabalhamos pode ser aliviada pelos esforços calmantes dos outros, e pelo fato de assumirmos a responsabilidade pelos sentimentos e pensamentos negativos que cultivamos com relação ao que fazemos para ganhar a vida.

Al Sacharov sugere: "Trabalho é uma palavra de oito letras. Cabe a nós decidir se o significado dessa palavra de oito letras é 'embaraço' ou 'diversão'. Grande parte do trabalho é um embaraço porque não alimenta nossa alma. A chave está em confiar no coração e seguir para onde os seus talentos possam florescer. Este velho mundo vai girar de verdade quando o trabalho se tornar uma expressão jubilosa da alma".

O REABASTECIMENTO É GRÁTIS

O curto vôo de 36 minutos não era tempo suficiente para que as aeromoças servissem bebidas. Considerando que era de manhã bem cedo, muitos se dirigiram rapidamente para o café do aeroporto assim que desceram do avião.

Tomei meu lugar na fila atrás de outros vinte passageiros privados de cafeína. Estávamos todos distraídos, observando e ouvindo a garçonete atrás do balcão. Ela estava cantando, acompanhando o ritmo das velhas canções transmitidas pelo rádio, dançando, anotando os pedidos, operando a caixa registradora, agitando os copos (antes de enchê-los) e servindo café e guloseimas. Se, na realidade, ela não gostava do seu trabalho, alguém deveria indicá-la para o Prêmio Emmy de Melhor Atriz.

Quando me aproximei do balcão para fazer o meu pedido, ela continuou a entreter os clientes com sua vivacidade. O homem atrás de mim comentou jocosamente:

— Você precisa se livrar dessa depressão.

Interpretando equivocadamente o comentário brincalhão e não tendo ouvido bem o que ele havia dito, ela respondeu rapidamente:

Podemos determinar o ritmo de vida perfeito para nós experimentando vários ritmos e descobrindo qual deles é mais agradável.

HANS SELYE

> *Um dos sinais de que você vai ter um colapso nervoso é a convicção de que o seu trabalho é terrivelmente importante.*
>
> BERTRAND RUSSELL

— "Pressão"? Que pressão? Eu não sinto nenhuma pressão!

Pareceu-me que o café nessa manhã estava um pouco mais saboroso do que de costume quando refleti sobre os acontecimentos que tinha acabado de presenciar naquele bar do aeroporto. Ali estava uma empregada de um café, que tinha definido qual era seu melhor ritmo de vida. Porque ela era cheia de energia, sociável, afável e gostava de se divertir às sete horas da manhã, algumas pessoas suspeitavam do seu comportamento. Como alguém poderia se movimentar nesse ritmo tão cedo pela manhã e gostar do que estava fazendo?

Cada vez fico mais curioso ao observar que ser vagaroso, sarcástico e negativo, lastimar pelo emprego que tem e arrastar-se pela vida é considerado algo normal. Porém, mostre um pouco de emoção positiva, sorria, aproveite o dia e você é candidato a ser considerado alguém fora da realidade.

A verdade é que cada um de nós escolhe o seu ritmo e a melhor maneira de viver. Infelizmente, algumas pessoas desistiram de tentar outra coisa além da rotina a que estão acostumadas. Essa é a opção delas. É pena, mas até que elas decidam imprimir um pouco de vigor aos seus passos, elas continuarão a colher resultados medíocres.

Eu gosto de estar com pessoas que gostam da vida. Eu aprecio a companhia de amigos que gostam do que fazem. Eu optei por compartilhar meu tempo com pessoas que optaram por aproveitar ao máximo cada momento da vida. Fique próximo dessas pessoas e elas o ajudarão a ajustar e melhorar seu ritmo de vida.

Acho que vou voltar para me reabastecer. Um pouco de inspiração pode me ser útil.

DIVIRTA-SE UM POUCO

Alguns anos atrás, minha mulher me deu um vale-presente no Dia dos Namorados, que dava direito a uma massagem de uma hora. Eu nunca havia proporcionado a mim mesmo os serviços de um massagista, mas como me pareceu uma experiência agradável, imediatamente marquei uma hora.

Deixe-me prefaciar a continuação dessa história com alguns dados sobre a minha personalidade. De tempos em tempos eu gosto de fazer uma piadinha que crie um ambiente de bom humor ou divertimento inocente. Normalmente, eu reservo essas excentricidades para pessoas que conheço bem, mas naquele dia surgiu uma oportunidade rara e eu simplesmente não pude resistir.

A terapeuta recebeu-me em sua sala de espera e, depois de conversarmos um pouco, ela me perguntou que tipo de massagem eu preferia. Eu ponderei sobre as várias opções e me decidi por uma massagem profunda nos músculos. A terapeuta foi cordial e profissional conduzindo-me para a sala, pôs música ambiente, arrumou suas loções e acendeu algumas velas perfumadas. Então aconteceu.

Quem não consegue extrair um pouco de divertimento e prazer de cada dia... precisa reorganizar a própria vida.

GEORGE MATTHEW ADAMS

— Glenn, vou sair da sala por alguns minutos — ela disse. — Por favor, dispa-se e fique apenas com sua roupa de baixo.

Eu assumi uma expressão séria e respondi: — Eu não uso roupa de baixo!

As risadas que se seguiram quando ela percebeu que eu estava brincando provavelmente produziram mais endorfinas do que a massagem que recebi.

Eu sinto pena das pessoas que têm a vida tão controlada que são incapazes de criar, ou pelo menos desfrutar de doses periódicas de diversão. Eu compreendo que divertimento não é para qualquer um. É bom apenas para pessoas que desejam gozar a vida e sentir-se vivas. Para todas as outras, existe tensão, *stress*, úlceras, dores de cabeça e tédio. A decisão sobre que caminho escolher não me parece cerebral.

Charlie Chaplin disse, "Se você tem algo divertido para fazer, você não precisa ser engraçado para fazê-lo". Você não precisa mudar sua personalidade para se divertir. Para isso, você precisa procurar pelos acontecimentos ridículos, um pouco engraçados, absurdos e divertidos do cotidiano. Divertir-se não é necessariamente algo para se aprender, é uma perspectiva de vida que você mesmo se permite desfrutar.

Quando estava indo de carro para uma pequena cidade ao sul do Iowa, notei uma oficina de conserto de radiadores cujo proprietário gostava de se divertir. Na placa em frente ao estabelecimento lia-se: O melhor lugar da cidade para "fazer pipi". Fiquei igualmente impressionado com alguns encanadores que se referiam ao seu trabalho com certa frivolidade. Na lateral de seus furgões lia-se o seguinte: "Em nosso negócio, um *flush* vence uma *full house*".* Esse é o tipo de encanador que eu quero para fazer o meu trabalho. E, finalmente, uma loja de amortecedores de uma pequena cidade de Nebraska fez essa tentativa para fazer graça: "Não é necessário marcar hora. Nós ouviremos quando você se aproximar". As pessoas responsáveis por esses dizeres deram a si mesmas a chance de expressar uma perspectiva de vida que produz um pouco de diversão.

Pondere mais uma vez sobre as palavras de George Matthew Adams: "Aquele que não consegue extrair um pouco de divertimento e prazer de cada dia... precisa reorganizar a própria vida". Já não é tempo de você reorganizar-se um pouco?

> *Um coração alegre vive muito.*
>
> WILLIAM SHAKESPEARE

---

* Trocadilho com os termos do pôquer *flush* (no sentido literal, descarga) e *full house* (casa cheia). No jogo, o *flush* tem valor inferior à *full house*. (N.T.)